II

戦後教育実践セミナー

戦後の教育実践、「今」へ伝えるメッセージ

早稲田大学教師教育研究所【監修】
「戦後教育実践セミナー」編集委員会【編】

学文社

まえがき

第二次世界大戦後のわが国の学校教育界では、全国各地の教師たちによって、それぞれに特色のある多様な質の高い教育実践が自主的になされてきた。それらの教育実践は、子どもたちの人間としての豊かな成長を願う教師たちによって、子どもたちや地域の生活の現実に即して個性的に展開された。子どもたちに誠実に向き合う教師たちによって実践された、教師としての生き方に基づく日々の真摯な営みであった。わが国の教育界における独特の教師文化である。

早稲田大学教師教育研究所では、二〇一一年度より、わが国の戦後教育のあり方と意味を再検討し、その優れた価値を明らかにして継承することを目的に「戦後教育実践セミナー」を開催してきた。

この間、関係した多くの方々から、それぞれの教育実践に関わる貴重な証言を得ることができた。本研究所では、これらの証言をわが国の教師文化が生み出した財産と考え、未来の教師文化の発展への寄与を願い、二〇一九年五月に『戦後の教育実践、開拓者たちの声を聴く』に集録して刊行した。そして、第一集の集録で残された証言についても文章化作業を進め、それらを第二集として集録してここに刊行することになった。

本シリーズが、教員、研究者、学生、市民など多くの皆様が、わが国の戦後教育における優れた教育実践についての理解を深める機会となること、また、わが国の教師文化の継承と発展の一助となることを期待する。

二〇二〇年二月

早稲田大学教師教育研究所　所長　藤井　千春

もくじ

第2部　これまでの教育実践から何を学び、これからへ向けてどう生かすか

第1部

戦後教育実践セミナー

——実践者たちの記録と継承——

二〇一四年七月一二日

小沢 健一

「水道方式」がめざした算数・数学教育の改革

【小沢健一《おざわけんいち》氏 プロフィール】

一九四二年、埼玉県秩父市に生まれる。一九六〇年、東京教育大学理学部数学科に入学し、微分幾何を専攻。同大学を一九六四年に卒業。大学に入学したその年、毎日新聞などで「水道方式」が大々的に取り上げられ、それをきっかけとして興味をもつようになった。大学卒業後、東京都立高校の数学科教師として教鞭をとり、五八歳で退職。その後、埼玉県の私立高校校長（学校法人盈進学園 東野高等学校）を務め、その間、お茶の水女子大学で数学教育の非常勤講師や、数学教育協議会の第四代委員長として、算数・数学教育の充実に尽力した。

＊

小沢健一氏は、遠山啓《ひらく》氏（一九〇九〜一九七九）や銀林浩《こう》氏（一九二七〜）とともに、戦後、算数・数学教育の充実に取り組まれました。そうした活動経験を踏まえ、ともに算数・数学教育の充実に取り組んだ先人たちのさまざまな思い出や、戦後まもなく結成された数学教育協議会の活動や戦後の算数・数学教育に大きな影響を与えた「水道方式」の考え方について語っていただきました。

研究者であるとともに教育者でもありつづけた遠山啓の歩み

小沢です。自己紹介は途中でするチャンスもありますので、早速話に行きたいと思います。今日お話しすることは大きく三つありまして、一番目は水道方式が誕生した時代、時代背景と言ってもいいですが、二番目に水道方式とは何なのか、三番目に影響、何が大切だったのか、ということをお話しさせていただこうと思っています。

当時の時代背景と対象の水道方式をどういうふうにお話しするか悩んだのですが、対象抜きの背景というのは、抽象的で広がり過ぎたりして面白くないんですね。それから背景抜きの対象と言うのは、位置づけがわからなくて誤解を招く。だから時代性と水道方式というものをお話ししなくてはならないと思ったのですが、悩んだ結果、遠山啓年表を使うことにしました。補足資料にありますけれど、これは五年前に『遠山啓エッセンス』という本の編集を頼まれまして、その時に私が作った遠山啓年表です。水道方式を提唱した人物です。この年表は、何か物事が起きた年だけではなくて、一年ごとにずっとあるので経過年の長さがわかります。この年表をみると時代背景はかなりよくわかる。それだけではなく遠山啓という稀有な数学者の生涯の特徴がわかるんです。この年表の特徴は、遠山啓は一九〇九年に生まれて一九七九年に七〇歳で亡くなるのですが、それを一つの年表にして半分に折ると真中の所が終戦になるんです。これは自分で作ってみて「ああ、そんなわかりやすい生涯だったのか」と思ったのです。ということは人生の半分が戦前で半分が戦後ですから、軍国主義の時代と民主主義の時代を半分ずつ生きたのですね。そういう世代です。

それは全くの偶然なんですが、今度は偶然ではない、独特な人生について。

遠山さんは、一九二九年に東京帝国大学理学部数学科に入学します。二〇歳の時です。そしたら講義が面白くないと言って退学するのです。それで数年してから、二六歳で東北帝国大学理学部数学科に入り直すのですね。この五年、六年間は何だったのか。これが実に教訓的でして、今風にいえば壮大な落ちこぼれ、あるいは引きこもりだと思うんですね。しかし、僕から見ると、遠山さんにとっては大きな心の貯金をしているんです。このころ哲学書と文学書を読み漁っていたのです。それが、その後のいろいろな著作などに出て来ているのですね。それから自分の生き方に影響しています。これは間違いないと思います。この青春の蹉跌《さてつ》、つまずきがどんなに人生の貯金になったかわからない。それが第一の特徴だと思います。私はそれを結構前から知っていて、自分の息子が「お父さん。自分が大学受験の時に浪人していいか」と言うので「いいよ」と答えたら、「何年してよいか」と聞くから、遠山さんを思い出しまして「五年までいいよ」と言ったんです。そうしたら、とても五年は出来ないものですね。一、二年で入ってしまいました。

それから今度は四〇歳で理学博士になります。この二年後に数教協を結成します。この時に「若い学者がなぜ教育に身を投じるのか」と随分回りから言われたそうです。数学に比べて教育は位置づけが下に見られる風潮がある。「せっかく博士にもなって日本の数学を背負って行く立場なのに、教育なんてやるのじゃない」と言われたそうです。でも教育を捨てなかった。四二歳で数教協を結成した時に数学教育協議会設立趣旨書を出します。それから数年経って水道方式が生まれます。五〇歳くらいですね。ですから、理学博士で若き数学界のエースだった人が、教育に身を投じたというこの出来事は、四〇歳の大きな出来事だったと思います。その後見ていると、とても遠山さんでなければ出来ないよという仕事が多いですね。

それから三番目、六〇歳で東工大を定年退職します。この時、理学部長もやっているし、名誉教授でもある。何しろ著名な人でしたから「学長をやってくれないか」という話があったそうです。この他にも講師や再任用の話もいろいろあったそうです。ところが、遠山さんの選んだ道は、五九歳あたりから養護学校に通い始めて、知的障がいのある子がほんの些細な事をわかって大喜びする姿に感動したのだそうで、障がい児の教育や教育運動一般に精を出します。資料の年表には六〇歳からは「序列主義との闘争」とありますが、遠山さんの言葉で「第三の差別への戦い」、第一は貴賤、第二は貧富、第三の差別が賢愚（賢いか愚かか）です。こういう差別に抵抗したんですね。

よく人生二〇年×（かける）四という見方があります。これはもっともなことで、二〇歳で成人して六〇歳で定年、四〇歳ごろ一番働き盛りで管理職になったりする。だから多くの人々の人生も大体二〇年区切りで行くんですね。ところが遠山さんの場合は、エスカレーターで昇るような道を進まなかった。逆方向に逆方向にと行くんですよ。なんで東大を辞めなくちゃいけないのか、なんで教育に足を突っ込むのか、なんで序列主義に反対の戦いなのか、逆さまに行くんですね。これは大変教訓的な人生ではないのかと私は思っています。

それから、その間に一九五五年に『数学教室』という雑誌を創刊します。これは数教協の機関誌です。それから一九六二年に『数学セミナー』を創刊します。これは数学の啓蒙誌ですね。大学生とか教師が多く読む雑誌です。一九七三年、六四歳で『ひと』という教育誌を創刊します。人生で三つの雑誌を作るというのは珍しいと思うのですね。それが、実に長続きをしているのです。『数学教室』は最新号でなんと七五三号です。六〇年続いている雑誌は珍しいですね。それから『数学セミナー』は五三年続いている。当初は表紙に「遠山啓＋矢野健太郎編集」と書いてあった。亡くなってから「遠山啓＋矢野健太郎発刊」とありました。最近は二人を知っている読者がいなくなったので、二人の名前は抜けました。『ひと』という雑誌は、さすがに遠山さんが亡くなってから一〇数年後に途絶えました。しかし、生きていた時が七年位で、亡くなってからの方が長く続いていました。

その三つの雑誌や、新聞、他の教育誌、そういう所にたくさんの文章を書きました。これとは別に単行本もたくさん作ったんですが、いろいろな所に書いた教育論などをまとめて、『遠山啓著作集』（太郎次郎社）を出したんですね。これがまたすごくて三〇巻近くあるんですね。数年前には、生誕一〇〇年・没後三〇年記念として『遠山啓エッセンス』（日本評論社・全七巻）というのが出ました。

ちょっとここで脱線しますが、これが遠山さんです。私も左の写真に写っています。こっちで寝そべっているのが京都大学の数学者で森毅さんです。評論家や自称芸能人もやっていました。奥が遠山さん。一番左が銀林浩

さん。今日は銀林さんに講演をやってもらうはずだった。ところが、今年になってから病気になって、残念ながら今日はだめでした。一番右が若き時代の僕です。この頃は多分遠山さんが委員長で銀林さんと森さんが副委員長で私が事務局長だったと思います。遠山委員長、小沢事務局長という時代が結構長くて、遠山さんが亡くなってから銀林さんが委員長で、その銀林さんも「長くなった」というので、僕がしばらく委員長をやって、そうしたら僕も病気になって、そのうち手や足が動かなくなるからと言われて、公職を退いたんです。そうしたら後で手術出来るという時代になって、今から数年前に手術しました。首の骨が七つあるんですが、それを全部切りまして。よく首が繋がっているなと思いました。その後も体調が良くなくて隠居しています。

　数教協というのは数学教育協議会ですから会長と言った方が良さそうですが、多分遠山さんの意見だと思うのですが、常任委員会委員長だから「委員長」と言った方が皆自由にモノが言えるのでないか、ということだと思います。それで委員長と言っています。これも遠山さんが偉いなと思うのですが、雑誌『数学教室』以外、数教協名の市販書物は一つも出していません。数教協名で出版すると反対の意見を持った会員が困るのではないか、という。書物は個人名で出版する。こういうのはなかなか原則的だと思うのです。その頃の懐かしい写真ですが、同じくらいの歳の人が今生きていれば一〇〇歳を超える歳です。もう遠山さんと一緒に仕事をした人はほぼいないんですね。唯一、銀林さんは一緒に仕事をした。これはどうしてかというと、銀林さんは大学院生で遠山さんに拾ってもらったんですね。東大で、学生運動で暴れて追い出されて、東工大遠山教室に入った。それで数教協の仕事を手伝ったんだそうです。それだから若くして水道方式に係わったので、銀林さんだけは水道方式に直接手を下しているんですね。

水道方式誕生の時代背景と数教協の設立

さて一九五一年に「数学教育協議会趣旨（草案）」というのが出されました（補足資料参照）。これが数教協結成です。「今日の数学教育は破局に瀕している。児童の計算力は二年低下している。最大の原因は生活単元や経験単元といわれる学習形態である。いたずらに経験に追いまわされるのではなくて経験を組織し、環境を積極的につくりかえていく近代科学の精神にそうようなものでなければならない。広く志を同じくする人たちの協力を望む」という趣旨書が出たのです。起草者の小倉金之助、奥野多見男、香取良範、黒田孝郎、遠山啓、中谷太郎、山崎三郎、これらは皆当時の著名な数学者や教育者だったのです。この設立趣旨書は数教協にとっても遠山さんにとってもスタートです。学者の道を続けながらも教育に足を踏み入れたことになりました。

ところで「生活単元学習」というのはアメリカ（戦後日本の教育改革を指導した総司令部民間情報教育局、CIE）が「こうやれ」と押しつけてきたもので、たとえば昭和二五年大日本図書が出版した小学校算数の二年生の学習内容は、

一、あたらしい　きょうしつ　1．さそいあって　2．きょうしつ　3．よていひょう　4．みよこさんの　一日

二、わらび　とり　1．ともだち　2．みはらしだい　3．たかさ　くらべ

三、たうえの　てつだい　1．なえたば　2．なえはこび　3．山のた

なかなか算数が出てこないですね。

四、やさい　1．きゅうり　2．トマト　3．なすのかず

ここで出て来るのかな。

五、いなご　とり　1．りかの　じかん　2．土よう日のごご　3．にわとりのせわ

こういう調子なんですよ。これすごいですね。

それから、文部省が出した中学校の数学第一学年用教科書です。

第一単元　住宅　第二単元　私たちの測定　第三単元　よい食事　第四単元　産業の進歩　第五単元　私たちの計算　第六単元　売買と数学　以下　私たちの貯蓄　予算と生活　数量と日常生活　図形と数学

この教科書四七頁の「この単元のテスト」には、こんな問題が

次の各項目のうち、はい が発生しないようにするために有効なものには○を、か が発生しないようにするために有効なものには△をつけよ。

(a) どぶをそうじして、水はけをよくする　(b) 便所を水洗にする

(c) ごみ箱にふたをする　(d) くもの巣をはらう　(e) 雑草をかりとる

これが数学の教科書なんです。「はい」というのは蝿です。当然のことながら学力は落ちるし、本当に生活に役立つかというとそうでもなさそうだし、そういうものだったのですね。これでは確かに反対すると思いますよ。

遠山さんはこれの痛烈な反対論文を書きました。「生活単元学習への批判」というのがそれですが、最初、雑誌『教育』に出して、次に『新しい数学教室』(新評論社)という単行本に出したんですが、今読んでも非常に痛快な面白い文章です。さっきの「二〇代の蹉跌」が活きているような、哲学から文学などいろいろ出てきて非常に面白く読ませる論文です。それを引っ提げて民間教育団体としての活動を活発化した。

ところが当時は複雑な状況だったんです。「生活単元学習」というのは、二〇世紀のアメリカでのプラグマティズムの代表的な思想家デューイの影響を受け、遠山さんはこの人の数学に適用された近視眼的な実用主義とか行き過ぎた児童中心主義とかを徹底的に批判したわけです。ところが、軍国主義教育が否定されて新時代を迎えた良心的な先生たちは、「児童中心主義」がある種の光明だったのですね。だから遠山さんはデューイの教育論を切るついでに、いわゆる進歩的な学者に苦い思いをさせるという立場にもなった。ただし、歯に衣を着せぬというか、どこでも同じことをしゃべる人でしたから、平気でいたんですね。さすがに「生活単元学習」というのは一般の人にも評判が悪かった。文部省も否定しました。それが一九五八年です。ですから遠山さんたちが批判を始めて七年後には引っ込めた。ただその途中でも評判は悪くて、「天ぷら単元」などという、衣だけは「生活単元」の様相だけれど、実際の授業は戦前と同じ、というのも多かったそうです。そんなことがあってとうとう「生活単元学習」は引っ込みました。それで当初の目的が達成されましたから、もう止めようと思ったらしいですね。ところが始めた仕事なものだから、壊すことばかりでなく良いものも作らなくてはダメじゃないか、と考えたんでしょうね。それでとうとう遠山さんも教科書執筆を手伝わされたようです。当初、教科書に係わることはあまり気乗りしなかったようですが、「やることになった」などと書いてあります。

水道方式への逆風

前もってちょっと触れておきますが、水道方式というのは大変評判が良かったのですが、ある一部の人からは大変評判が悪かった。それは戦前の数学教育を担った人たちです。戦前の数学教育があって、次に「生活単元学習」があってそれが否定されるでしょ。それが否定されるから戦前に戻れば戦前の人たちも満足だったんですが、「水道方式」は全く違うものになってしまったもんだから、戦前の人たちは大変な怒りを表したんですね。その事情をざっと言いますと、明治時代に洋算が取り入れられますが、日本はそれまで和算できていましたから、和算と洋算の闘いがあったんですね。それから、洋算を取り入れるといってもいろいろな翻訳本が出ていて、もう群雄割拠みたいになったのです。それから一八八六（明治一九）年に教科書検定が始まりまして、そんなことがあってゴタゴタしていました。一九〇五（明治三八）年に教科書が国定化されまして、終戦までずっと国定です。国定教科書は表紙の色が黒、緑、水色と変化したんです。濃い方からだんだん薄い方へ変わったので覚えやすい。今でも通称で黒表紙・緑表紙・水色表紙と呼びます。黒表紙は珍しいことに、一九三四（昭和九）年まで三〇年間も使われたんです。ところが、この教科書編集を指導した藤沢利喜太郎《ふじさわりきたろう》さんが「数え主義」やというのを理念としていたんです。藤沢さんの「量の追放」は有名なんですが、「量は数学に入れてはいけない」という立場です。これは今でも、数学というのは量と関係ないと捉える立場もある。ただ数学教育まで「量の追放」の立場を強調したところに、藤沢さんの行き過ぎがあった。もう一つ緑表紙というのは、主導したのが文部省図書監修官の塩野直道《しおのなおみち》さん、この人の計算指導は暗算主義だったのですね。これは筆算を先行させる水道方式に真っ向から対立するんですね。当時の数学教育界のリーダーはすべてこの黒表紙・緑表紙で育っていますから、遠山さんが水道方式を打ち立てた時に、猛烈な反対をしました。

だいたい以上の経過が私の第一の話の「水道方式の誕生」です。

四則の理解をめざした計算体系としての水道方式

次に、「水道方式とは何か」ということです。水道方式とは、小学校における四則の計算体系であって、インド・アラビア数字のもつ一〇進位取り記数法に依拠し、（一）筆算先行、（二）扱う計算の配列は一般から特殊へ、（三）シェーマ（半具体物、図式）としてタイルを使用、（四）バックに量の体系、などを特徴とします。

これのどれを取り入れたら水道方式か、というのですが、じつはこれの一個でも入れたら水道方式とほぼ同じになってしまう。そういうところがあるのですね。とりわけ、インド・アラビア数字のもつ一〇進位取りはすべての人たちがそれをやっていますから、きちんとやれば放っておいても水道方式になってしまう。

そこでちょっと基礎に戻って申し訳ありませんが、「一〇進位取り記数法」ということに触れたいと思います。

下図の左上にあるのがローマ数字ですね。左下がバビロニア、右下がギリシャ、その上がエジプト。真中に描いてある図の一番上が、三十三を表すローマ数字です。その下はバビロニア数字です。最後はインド・アラビア数字です。全部一〇進法なんですね。一〇で繰り上がります。一方、位取り記数法というのは、同じ数字を使うのに位置によって値打ちが違うというすごい記数法なんですね。つまり三十三を33と書くのですから。ローマ数字などと比べてはるかに抽象的です。同じものを使いながら数字の位置によって値打ちが違う。これを位取り記数法というのですね。よく子どもたちに「さんじゅうさん（33）を書きなさい」というと「３０３」と書いてしまう。これは当然のことで、位取り記数法というのは抽象的なんで

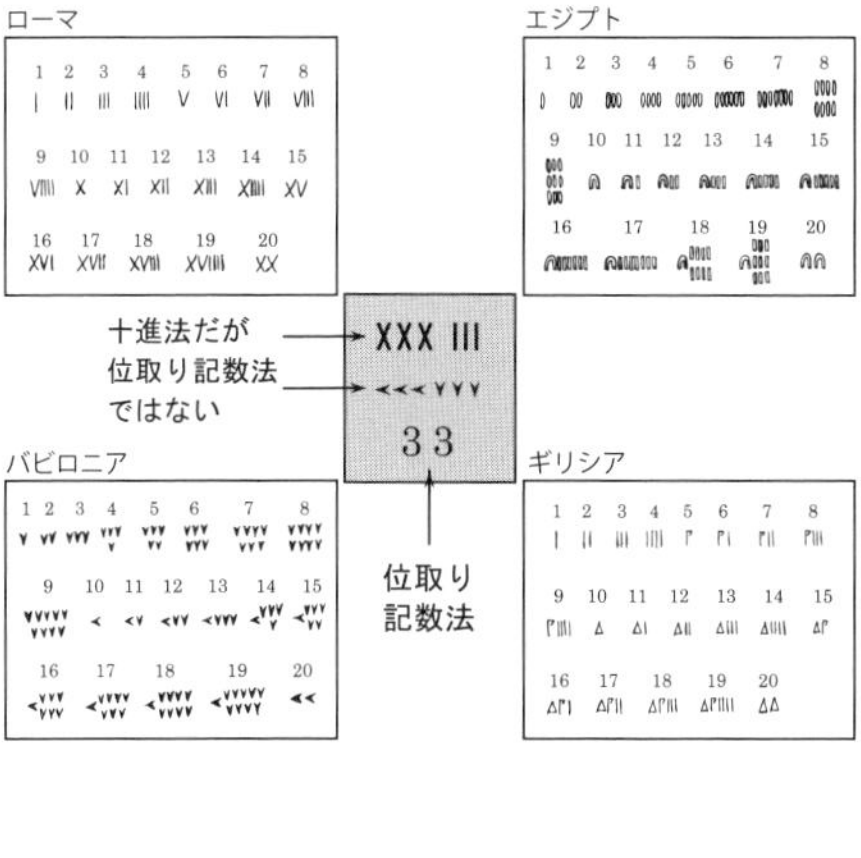

すね。位置だけで値打ちが違う。おかげで0から9までの一〇個の数字だけでどんな大きな数でも表せ、またそれが計算の上で大変な効果を発揮するのです。これがインド・アラビア数字が世界的に支持を得た理由なんですね。とんでもなく抽象的であるからこそ力を発揮する。

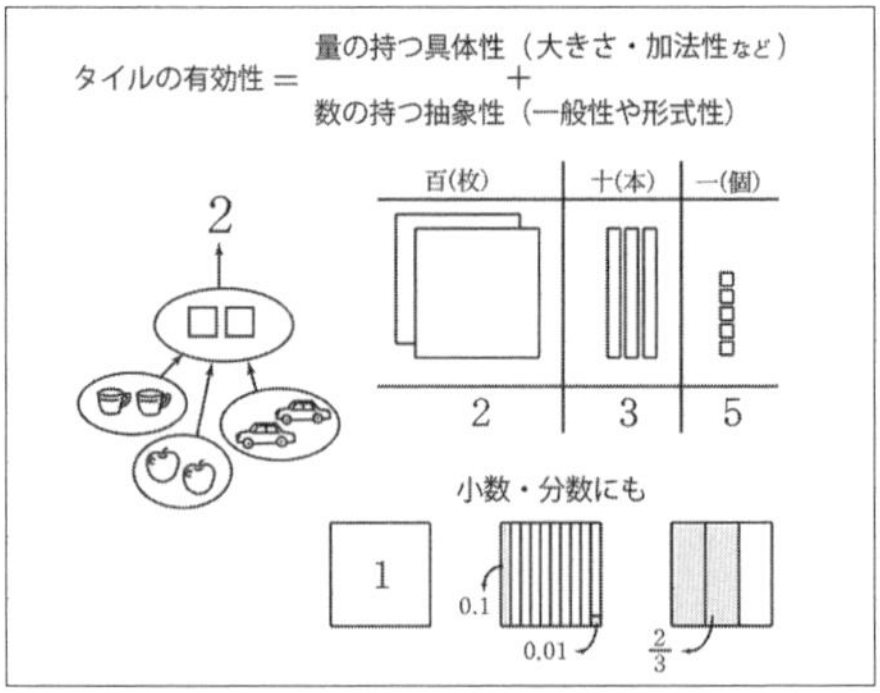

上の図をみてください。タイルというのは「位取り記数法」を表しているのかそれともローマ数字のような一〇進法を表しているだけなのか、いろいろ考えたんですが、それがこれなんです。量のもつ具体性と数がもつ抽象性。抽象性の中には「位取り記数法」も入れます。タイルはこの両方を表わすのにうまく適合したんだと思うのです。つまり、２３５というのは二枚と三本と五個だと。だから部屋が違うから２３５と書いて2百3十5と読むんだよ、と。生徒は皆、納得するんです。それからタイルを二つ合わせるとこれは足し算だよ。それから二というタイルはコップが二個だし、リンゴが二個だし、車は二台だし、こういうものを全部表しているんだよ、と言うと数の抽象性も表すわけですね。ところが本来の位取り記数法というのは、数字の列の２３５だけ。各位の数字が二枚とか、三本とか，別の量を表していたら本当の位取り記数法ではないと思う。三〇を三本と表すのではローマ数字と同じではないか。だからタイルは、量のもつ具体性と数のもつ抽象性の、ちょうど両方の中間で両方を表わすことが出来た、ということで大成功したと思うのですよ。

もうちょっと抽象的なものは、そろばんです。そろばんはもっと位取り記数法に近い。三〇と言うと玉を三つ上げるんです。三〇という量がまるで消えてしまうんです。この抽象性のためにそろばんというのは、計算としては単純でやりやすい。その代わり量が抜けてしまいます。だからそろばんは出来るけれど、算数・数学がちっとも出来ないという人もたくさんいます。

さらに余談です。これは私が特注した大変珍しいそろばんの写真で、一番上が二進法そろばん。次が三進法そろばん。あと四進法そろばん。五進法そろばん。一番下が普通のそろばんで、これは凝っています。途中で五が入っている。五の所は二進法と同じ構造なんです。だからよく五・二進法（ごにしんほう）なんて言います。五をひと固まりにすることによって大変計算が楽になる。それを取り入れてるんですね。しかし、五の玉も一の玉も皆同じです。その代わり、量はまるで消えてしまう。

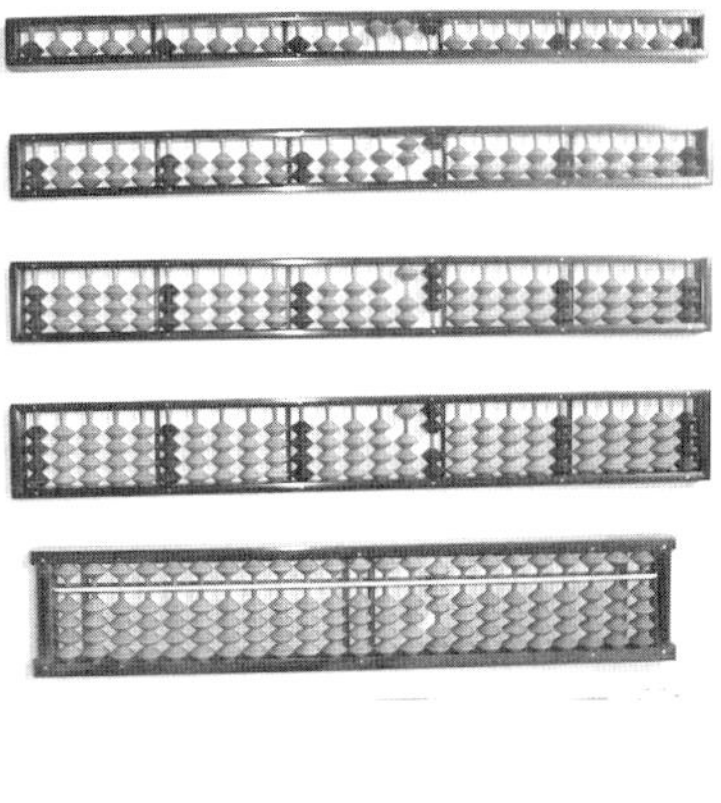

「水道方式」という命名の背景

「水道方式とは何か」から一寸脱線してしまいました。戻ります。

水道方式はインド・アラビア数字の特性を使いますので、一桁の足し算が出来ればいいんです。縦書きにしておけば、一桁同士の足し算ができれば何桁同士の足し算でも全部自動的に出来てしまう。このもっとも基本となる一桁の足し算、合計一〇〇個を「加法の素過程」と呼んでいます。

工学などでもっとも基本となる物を「素子」、もっとも基本となる操作を「素過程」というところから採ったんですね。繰り上がりがあるかないか、ゼロがあるかないかによって六種類に分かれる。この時、ゼロを含まない、繰り上がりがないものを一般形、ゼロが入ったり、繰り上がりがあったりするのは特殊形と見ます。引き算の素過程も同じようにゼロを含むかどうか、繰り下がりを必要とするかどうかで合計一〇〇個が六種類に分類できます。

〔右の〕一番下の図は、二桁同士の繰り上がりのない足し算の計算を例にとっての問題の並べ方です。ゼロを含むものを特殊と見ます。「素過程」さえ勉強すれば、後は自動的にパラパラとわかってしまう。水源地に水を持ちあげて各家庭に配水するかたちに似ていた。それで「水道方式」というあだ名をつけたらいつしか本名になったんですね。暗算の方式だとゼロを含んだものをはじめにやるのですが、水道方式では逆になります。こんなふうにして二桁、三桁とできます。インド・アラビア数字の特性を生かしている。

「筆算先行」、「一般から特殊」、「タイルを使う」というのは、さっきも言った戦前からの「数え主義」や「暗算主義」で叩き込まれた人以外には大変好評だったんです。毎日新聞の教育欄で取り上げられたりして「ああそんなに易しいのか」とある種のブームになったんです。この頃私は大学生で、私も読んで「至極当たり前のこと

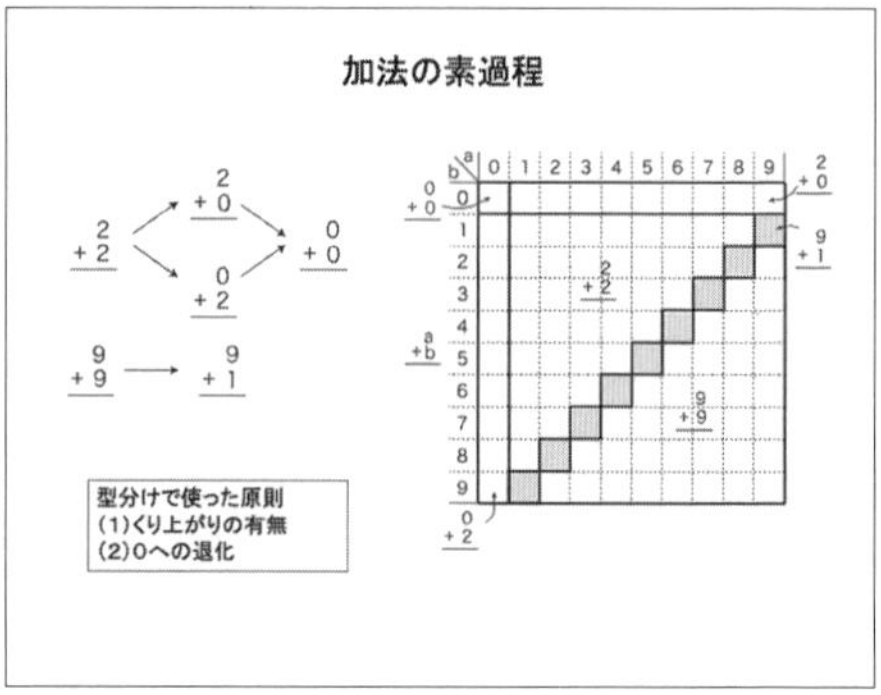

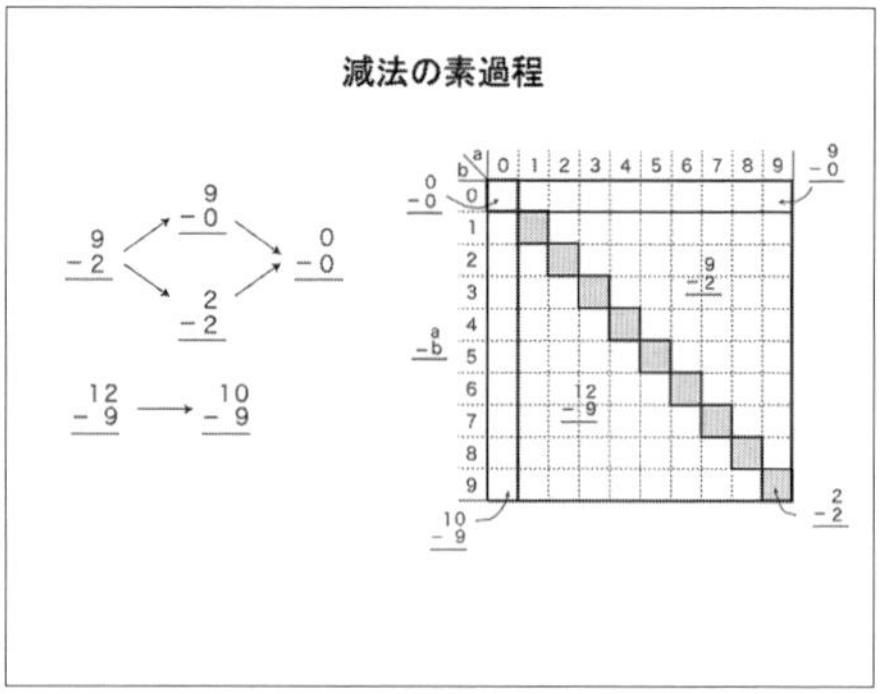

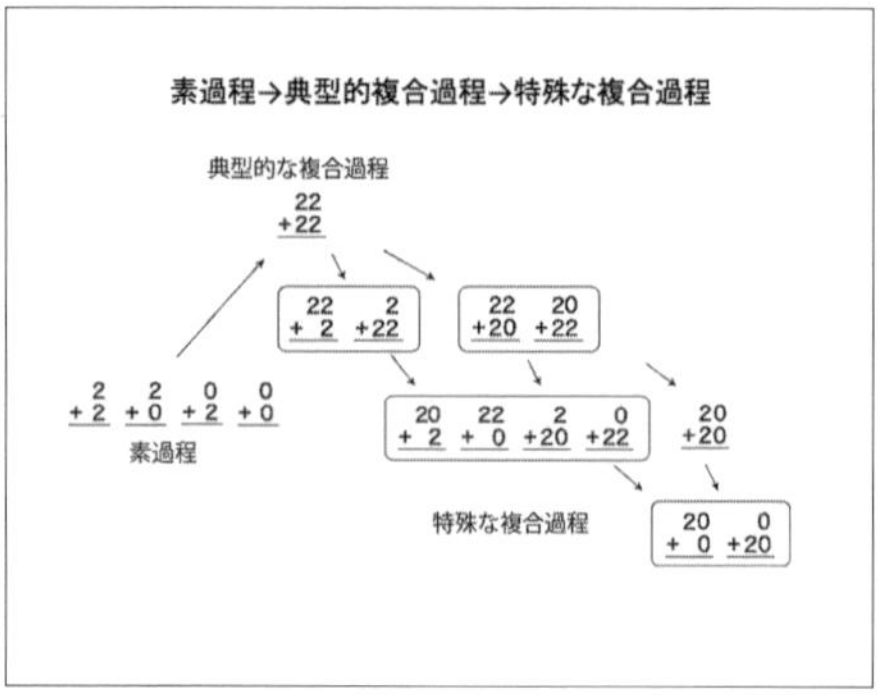

だな」、「こんな当たり前のことがどうして今頃言われるんだろう」と思いました。

量の体系と水道方式の関係

次にもう一つ「量の体系」について触れます。これは数の足し算など演算をどういうふうに捉えるか、あるいは数そのものをどういうふうに捉えるのかに関わります。数には、モノの量を表わす集合数と、順序数という二つの側面があって、「水道方式」は導入時には集合数を重視する立場です。

ところで、実在の世界にはいろいろな集合がある。人間の集合とか大学の集合とか……。集合の質に注目すると言葉が生まれ、幾つあるのかと注目すると量の概念が生まれる。この量が分離量（How many に対応する量）、連続量（How much に対応する量）に分かれる。アリストテレスは『形而上学』で「（一）数えうるときには、この数えうる量は『多さ』であり、（二）測られうる量であるときには、この量は『大きさ』である」「『多さ』というのは可能的に非連続な部分に分割されうるものの場合であり、『大きさ』というのは連続的な部分に分割されうるものの場合である」としている。この考え方は中世に引き継がれ、さらに近代になってカントやヘーゲルにも引き継がれた。これを遠山さんが利用したんです。そうしたら「こんな新しい用語を作るとは何事だ」と批判する人もいた。しかし、このように哲学で使われていた考え方や分類を数学教育に使ったところが偉かった。たぶんこれは世界にもなかったのでは。たとえば、掛け算の意味は足し算の繰り返しと昔から言われてきたが、量の立場からはそうではなく、内包量そのものの

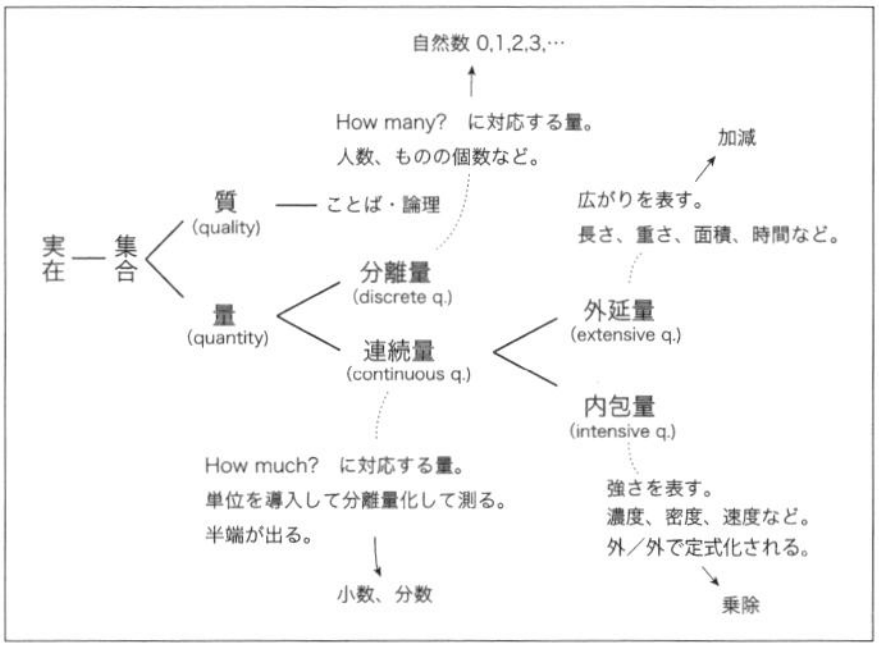

存在が乗除の必然的な発生のもとなのだ、というわけですね。

小学校で一生懸命やっている内包量は中学校でやる正比例関数のおもとをやっているに過ぎない。また正比例ではない現象も局所的に見れば正比例みたいなもの。これが微分・積分なんです。多次元化してみると線形代数。これが一緒になるとベクトル解析。森毅さんが主張したので「森ダイヤグラム」と言われ、高校の数学教育は結構影響を受けたんです。おおもとを知っているかどうかで、教える時の気分が随分違う。量の体系がバックにあると水道方式も随分膨らみます。

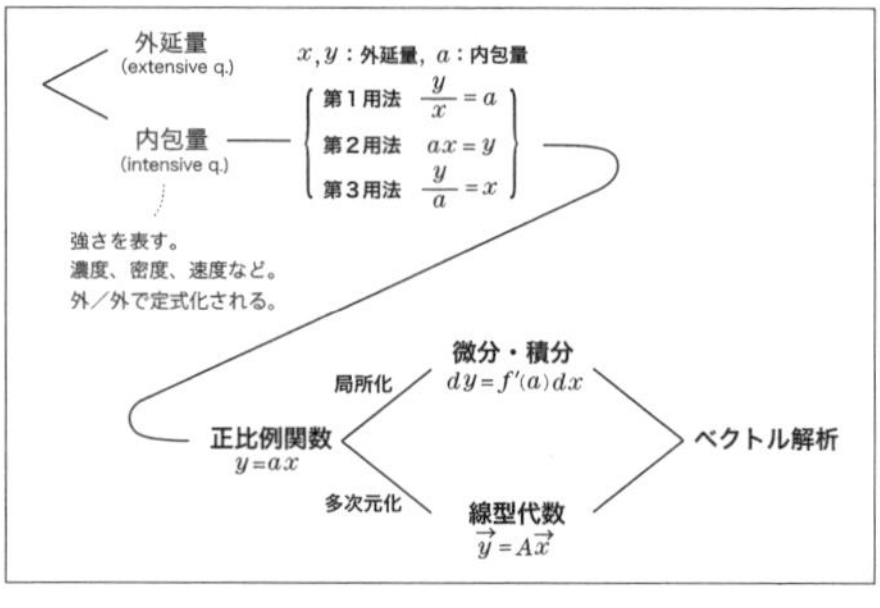

水道方式が提示した教育課題と将来への展望

次に、「水道方式の影響とその後の歩み」についてです。その一番目は、子どもの自発性と客観的な世界の対立・統一の課題です。水道方式が出た時に、デューイの哲学や生活単元との闘いという側面があった。いわば子ども中心主義と科学との闘いです。これは案外深刻で、ゆとりと基礎基本みたいなところがある。人間というのは本来、下手に教えない方がむしろよいという見方さえある。ですから、結構神経質な問題があるんです。それを戦後提示した点で大きな影響がありました。ただその議論が今は途絶えてしまっていて、水道方式そのものについては議論があるけれど、それが提起したもの、子どもの自発性と客観的な世界との対立の問題まで迫った議論がなくなっていると思います。これは今後とも教師にとっては重要な点ではないかと私は思います。今ふうに言えばゆとりと基礎基本とで揺れ動きます。だから面白いのですね。そこをどういうふうに考えるかというのは教育学の大きな問題だと思います。

それから、二番目に、教育権は国家にあるか、国民にあるかということですが、これはちょうどこの頃、家永教科書裁判があって、遠山さんも証人で出たのですが、数教協に対して猛烈な抵抗や批判があった。一つは「水道方式撲滅」です。さっき述べた緑表紙の塩野直道さんが亡くなって一三回忌の時に、当時の衆議院議員で文部大臣だった劔木亨弘《けんのきとしひろ》さんが弔辞を読んだのです。その弔辞の中で「かの水道方式撲滅のための先生のご奮闘は、今なお私どもの記憶に新たなものがあります」とあります。水道方式というのがハエやカと同じような撲滅の対象だった。これは単に黒表紙、緑表紙で育った人との数学教育理論上の問題というだけではなく、それよりも指導要領体制そのものの問題なんですね。何を教えるかという権利は国家が持っているもので、それを数教協などが口を出すのは何事だ、これを一歩崩すと日本史や世界史まで及んでしまう、絶対死守しなくてはならない、という問題とからんでいたと思います。ですから算数・数学だけの問題ではないんです。教育はいつも社会との関係、どういう社会、どういう政治かということに結びつきますから、数学教育だけから見ると何となく場外バトル的に見えますが、これは避けられない問題なんですね。教育権は国家にあるのか国民にあるのかという大きな問題とからんでいたんだと思います。当時京都市教育委員会は水道方式反対の通達を出しています。

三番目は、数教協と「わかる授業」「楽しい授業」のことです。水道方式が一部の人を除いて圧倒的な支持を得たのは、数と計算の意味と仕組みがよくわかった、それが一番の理由なんです。ところが現在はどうかというと、「できる」ことが中心となってしまっていないか。「百マス計算」、「暗記一辺倒」、「スピード競争」、「点数主義」等々の風潮です。「楽しく学んでよくわかる」ということよりも、点数とかスピードとか、鍛錬主義に傾き過ぎていないか。教師にも子どもにも、数と計算の意味、つまり「しくみ」がよくわかったところに水道方式の意義があった。水道方式をもう一度見直したらよいのではないか、という気がいたします。そしてこれからはさらに、そういった経験に学びながら、子どもにとっても先生にとっても「楽しい授業」をめざしていただきたいと思っています。

【当日配布した補足資料から】

一、数学教育協議会設立趣旨書

数学教育協議会趣旨（草案）

われわれは、日本の独立を達成し、国民の生活を高め豊かにしていくことを念願するものである。次代をになうべき国民の教育は、この目的にそうものでなければならない。ところが、現在広く行われている数学教育によっては、この目的を達成することはきわめて困難であると考える。

われわれは、現在の数学教育に対して次のように判断する。

今日の数学教育は破局に瀕している。児童の計算力は二年低下しているといわれ、論理的思考に対する意欲は失われつつある。これは戦後の社会状勢に起因する点も多いが、その最大の原因は経験単元または生活単元とよばれる学習形態によるといわなければならない。断片的に個々の教材を漫然と取上げ生活指導に利用していくという経験単元の方法では、学力の低下は余りにも当然の結果である。このような断片的な教材の寄せ集めによっては、断片的でない生活指導は不可能であろう。経験に即すると称していたずらに感覚的な世界に低迷する「新教育」は、実は形式陶冶をふりかざして経験を無視した「旧教育」の単なる裏返しにすぎない。われわれは組織された経験こそ生活指導を可能ならしめるものであると考える。そしてまた、今日「生活指導」といわれるものは、内容的には「消費生活指導」の一面に止まり、「生産生活指導」が無視されているのは重大な欠陥であるといわなければならない。

数学教育は、いたずらに経験に追いまわされるのではなく、経験を組織し合理的な思考や批判的な態度を身につけることを意図し、更に進んで人類の幸福のために、環境を積極的につくりかえていく近代科学の精神にそうようなものでなければならない。

われわれは、この念願に一歩でも近づくために、広く志を同じくする人たちの協力を望むものである。

一九五一年十二月

【起草委員　小倉金之助、奥野多見男、香取良範、黒田孝郎、遠山啓、中谷太郎、山崎三郎。これはのちに、一九五三年十一月二九日の数教協第一回大会で、ほとんど訂正するところなく承認された。】

二、遠山啓年表

		年齢			
一九〇〇	明治三三				
一九〇一	明治三四				
一九〇二	明治三五				
一九〇三	明治三六			ライト兄弟、飛行成功。	
一九〇四	明治三七			日露戦争が始まる（～一九〇五）。	
一九〇五	明治三八			『吾輩は猫である』。	
一九〇六	明治三九				
一九〇七	明治四〇				
一九〇八	明治四一				
一九〇九	明治四二	〇	八・二一　朝鮮の仁川で誕生、すぐ熊本へ	伊藤博文が満州のハルビンで暗殺される。	熊本での幼年期
一九一〇	明治四三	一		大逆事件。韓国を併合する。	
一九一一	明治四四	二			
一九一二	大正一	三			
一九一三	大正二	四			
一九一四	大正三	五	父、朝鮮で病死	第一次世界大戦始まる（～一九一八）。	
一九一五	大正四	六		中国に二一か条の要求を出し、満州へ手をばす。	
一九一六	大正五	七	熊本　小川町尋常小学校入学		
一九一七	大正六	八			
一九一八	大正七	九	東京　千駄ヶ谷尋常小学校編入		
一九一九	大正八	一〇			東京と福岡の少年期
一九二〇	大正九	一一			
一九二一	大正一〇	一二		原敬首相東京駅で暗殺される。	
一九二二	大正一一	一三	東京府立第一中学校入学		
一九二三	大正一二	一四		関東大震災。	
一九二四	大正一三	一五			
一九二五	大正一四	一六		治安維持法が定められる。普通選挙法が成立。	
一九二六	昭和一	一七	福岡高等学校理科甲類入学。祖父死去		
一九二七	昭和二	一八			
一九二八	昭和三	一九			
一九二九	昭和四	二〇	東京帝国大学理学部数学科入学	世界恐慌始まる。『蟹工船』。	十年がかりの大学生
一九三〇	昭和五	二一	二年ほど在籍して退学		
一九三一	昭和六	二二		満州事変勃発。	
一九三二	昭和七	二三		五・一五事件。	
一九三三	昭和八	二四		国際連盟を脱退する。	
一九三四	昭和九	二五			
一九三五	昭和一〇	二六	東北帝国大学理学部数学科入学		
一九三六	昭和一一	二七		二・二六事件。	
一九三七	昭和一二	二八		盧溝橋事件をきっかけに日中戦争が起こる。	
一九三八	昭和一三	二九	霞ヶ浦海軍航空隊教授、数学を教える	国家総動員法が制定される。	
一九三九	昭和一四	三〇		独がポーランド侵攻、第二次世界大戦が始まる。	数学研究に没頭
一九四〇	昭和一五	三一			
一九四一	昭和一六	三二		真珠湾奇襲。太平洋戦争が起こる（～一九四五）。	
一九四二	昭和一七	三三			
一九四三	昭和一八	三四		学徒出陣。	
一九四四	昭和一九	三五	東京工業大学助教授		

一九四五	昭和二〇	三六		広島・長崎に原子爆弾が落とされる。終戦。	数学研究に没頭
一九四六	昭和二一	三七		日本国憲法が公布される。六・三・三・四制の教育が始まる。	
一九四七	昭和二二	三八		学習指導要領（試案）。	
一九四八	昭和二三	三九			
一九四九	昭和二四	四〇	理学博士・教授	湯川秀樹がノーベル物理学賞を受賞。	数学教育運動初期
一九五〇	昭和二五	四一		朝鮮戦争が起こる。警察予備隊設置。	
一九五一	昭和二六	四二	数教協結成	サンフランシスコ平和条約を結ぶ。日米安全保障条約。	
一九五二	昭和二七	四三	『無限と連続』刊行	血のメーデー事件。	
一九五三	昭和二八	四四	論文「生活単元学習への批判」	テレビ放送開始。池田・ロバートソン会談。	
一九五四	昭和二九	四五		第五福竜丸、ビキニ環礁でアメリカの水爆実験に被爆。	
一九五五	昭和三〇	四六	『数学教室』創刊		
一九五六	昭和三一	四七			
一九五七	昭和三二	四八		日教組、勤評反対闘争。	
一九五八	昭和三三	四九	「水道方式」「量の理論」誕生	この年の指導要領改訂で生活単元学習が否定される。	
一九五九	昭和三四	五〇	『数学入門』（上）刊行		数学教育開花期
一九六〇	昭和三五	五一		日米安全保障条約の改定。	
一九六一	昭和三六	五二		全国一斉学力テスト。	
一九六二	昭和三七	五三	『数学セミナー』創刊		
一九六三	昭和三八	五四			
一九六四	昭和三九	五五		東海道新幹線が開通する。東京オリンピック開催。	
一九六五	昭和四〇	五六		家永教科書裁判始まる。朝永振一郎ノーベル物理学賞。	
一九六六	昭和四一	五七			
一九六七	昭和四二	五八	理学部長		
一九六八	昭和四三	五九	八王子養護学校の研究会へ		
一九六九	昭和四四	六〇		安田講堂に機動隊入る。	序列主義との闘争
一九七〇	昭和四五	六一	東工大退職・名誉教授	家永裁判杉本判決。国民の教育権論展開。	
一九七一	昭和四六	六二			
一九七二	昭和四七	六三		沖縄返還。日中国交回復。	
一九七三	昭和四八	六四	『ひと』編集代表	第一次オイルショック。	
一九七四	昭和四九	六五			
一九七五	昭和五〇	六六			
一九七六	昭和五一	六七		ロッキード事件。	
一九七七	昭和五二	六八	家永教科書裁判証人		
一九七八	昭和五三	六九	『遠山啓著作集』配本開始		
一九七九	昭和五四	七〇	九・一一逝去	共通一次試験始まる。	
一九八〇	昭和五五				
一九八一	昭和五六				
一九八二	昭和五七			中曽根内閣。	
一九八三	昭和五八				
一九八四	昭和五九				
一九八五	昭和六〇			日航ジャンボ機墜落、死者五二〇人。	
一九八六	昭和六一			チェルノブイリ原発事故。	
一九八七	昭和六二			リクルート事件。	
一九八八	昭和六三				

『遠山啓エッセンス』（日本評論社）第七巻解説より小沢が作成

■主な著書

『数のこ・だ・ま』三省堂、一九七八年
『雨つぶでニュートンは語れるか』こう書房、一九八六年
『数学がまるごと8時間でわかる』(共著)、明日香出版社、一九九四年
『家庭の算数・数学百科』数学教育協議会(共編)、日本評論社、二〇〇五年
『遠山啓エッセンス』(共編)、日本評論社、二〇〇九年
『関数をイチから理解する』ベレ出版、二〇一〇年
『意味がわかれば数学の風景が見えてくる』(共著)、ベレ出版、二〇一一年
『いま学びたい中高数学』(共著)、東京図書、二〇一三年
など。

【解　題】

塩崎　正

小沢健一氏が第四代委員長を務めた数学教育協議会(以下、数教協)は、日本の算数・数学教育に危機感をもつ遠山啓氏らが、算数・数学教育の改革に向け、一九五一年に結成した会である。その設立趣旨書で遠山氏らは、「数学教育は、いたずらに経験に追いまわされるのではなく、経験を組織し合理的な思考や批判的な態度を身につけることを意図」するべきだと説いている。当時、日本の教育界では生活単元学習が全盛期を迎えており、算数・数学教育においても、生活経験に取材した内容が授業の柱となって展開され、体系的な学習が軽視される傾向が生じていた。遠山氏は、こうした算数・数学教育の現状

に対し危機感を抱き、数教協を結成し、算数・数学教育の改革に取り組むこととなったのである。そうした数教協の取組みの中から、遠山氏らによって、小学校での計算指導の体系として水道方式が考案された。

遠山氏は、「水道方式」という命名の由来について、「水源地もしくは貯水池に当るのは典型的な複合過程であり、……ここをよく押さえておくと後は水が重力によって鉄管のなかを自然に流れて各家庭の台所にくるように計算体系でもほとんど指導を加えないでも退化した複合過程までできるようになるのである」（遠山啓「水道方式の考え方」『教育』一九六一年三月号、一二三頁）と述べている。

この「水道方式」考案の中心となった遠山啓氏について、水道方式考案までの歩みを概観したい。遠山氏は、一九〇九年に朝鮮に生まれ、間もなく郷里の熊本県に移り、やがて東京で過ごした。その後、東京帝国大学理学部数学科に入学したが退学して、数年後東北帝国大学の理学部数学科に入学し、卒業後、一九四四年に東京工業大学の助教授となり、また一九四九年には理学博士の学位を取得している。こうして、数学研究者としての道を歩み始めるのであるが、算数・数学教育の改革運動にも積極的に関わるようになった。それは、遠山氏が批判し続けた学習指導要領が一九五八年に改訂され、生活単元学習も退潮し、一方、遠山氏自身が新しい算数教科書の編集に参画することとなり、遠山氏が現行の算数・数学教育への批判者としてのそれまでの立場から、新たな算数・数学教育を提案するべき立場へと移行したためである。そうした中で直面したのが、小学校算数教育における計算指導の方式をどのようなものとすべきかという課題であった。教科書編集にあたる遠山氏らは、数概念の指導における「数え主義」、計算指導における「暗算主義」などのそれまでの計算指導に代え、自然数を集合数として捉え、筆算を中心にした計算指導の体系を構想した。そうしたなかで生まれたのが水道方式であった。

遠山氏が中心となって結成した数教協は、その実践・研究を進めるにあたって、算数・数学の授業において児童・生徒が「できる」こと以上に「わかる」ことをめざした。数教協が取り組んできた水道方式の意義は、教師にも児童にも、数と計算の「しくみ」がわかる道を拓いたことにある。遠山氏は、「教えてみて子どもが受けつけなかったとき、多くの教師は、……それを子どもの責任にしてしまう。……そうではなく、子どもがわからないのは教える中身と方法がまちがっているのかもしれない、それを研究しようという方向に進んだら、いくらでも改善や発展の道が開けてくる」（遠山啓『競争原理を超えて』太郎次郎社、一九七六年、二三〇頁）と説き、自ら率先しその実践に意欲的に取り組んだ。

「水道方式は何をめざしたか」を振り返る時、教師の教育実践に対する心構えや授業における創意・工夫など、教職に在る者たちに多くの示唆を与えてくれるのである。

小沢健一氏とフロアとの応答

司会：休憩時間に提出していただいた質問用紙に、次のような質問をいただきました。

一　遠山啓の立場は子どもを中心とするのか、科学を中心とするのか、どちらか。
二　学生のうちに勉強しておくことはどんなことがあるだろうか。学生に必要な数学力は。
三　数学的背景を身につけるのはどのようにしたらよいのだろうか。

小沢：一つ目の質問についてですが、子ども中心主義の行き過ぎに対して学問のもつ大切さを説いたんですね。ある意味では教科を中心にしたうえで科学の方を前面に出したんですね。ところが、遠山さん六〇歳代の「第三の人生の選択」というところで、障がい児教育で子どもがどんなわかり方でどんな反応をするかで、そっちへ傾いて行ったんですね。したがって、僕の感じでは、子どもか科学かということで揺れ動いていて、それを統一していくのが教育だ、遠山さんはそれを私たちに残したのではないか、と思っています。当初は子ども中心主義批判、次いで子どもの気持ちを大切にする教育、その両方を主張したのではないかと思っています。加えて、「楽しい授業」と言い始めた時、数教協のかなり多くの人たちから反発があったんです。それまでわかる授業で一生懸命やって来たのに急に「楽しい」とは何だ、ゲームなどして遊んでいるうちにわかるのが一番よいのだとはおかしいのではないか。しかし、遠山さんは、乗り越えることができると思っていたんではないか。

それから、二つ目と三つ目の質問ですが、教科教育法というのはあまり役立たないですね（笑）。僕はお茶の水女子大で何年か数学科教育法を教えましたが、大学の授業で日々わからないまま数学の講義を受けるだけではなく、とにかく自分たちで数学がわかる努力をしてくれと話しました。私の講義は「先生の授業はわかる」とかなり好評でした。その後、結婚式に呼ばれたりして、非常勤講師なのに結婚式に呼ばれたことは珍しいと言われました。大学で、わからない授業を四年間受けて、わからないことを我慢するだけになっていると、後で自分が教える時にわからない授業をすることになっていくと思うんですね。現代の数学だけ見ると二〇世紀の公理主義や形式主義が中心になりますが、その裏には「量」があったりするわけで、自分なりに深くわかる勉強が大切ではないかと思いますよ。

司会：それでは次の方の質問を読み上げます。感想を中心とした文章ですが、いかがでしょうか。

水道方式を二進法にしたら、今の電卓計算の方式そのものになるのではないかと思いました。タイルを用いた授業が非常にすんなりわかりました。理系の私として違和感がなかった。なぜこれがダメと言われたんだろうか。逆に今の教科書は何なのだろうかと。暗記を中心としたモノなんだろう。四一歳の私が小学校一年だった頃は水道方式だったんだろうか。

小沢：指導要領体制の中で数教協の影響はマイナーですから、一年生では数教協の実践をされる先生がいても、二年生では全く別の実践をされているようなことがあって、連続して数教協の先生に習ったという方は珍しいと思います。それからポイントポイントで数教協の先生に合うと逆に非常にうまくいくんですね。たとえば、小学校や幼稚園でも、「すごくよく出来る」と喜んでいる子どもがいたとします。たとえば12＋2が出来るかというと、すぐに一四と答えが返ってくる。じゃあ2＋12が出来るかというと、出来ない。その子どもにタイルで教えると、たちまち算数博士になってしまうんですね。それまで数え主義によって一面的だった理解が、水道方式によって、なんだそんなことだったのかと、白日のもとに見えて来る。ポイントポイントで良くわかる授業をやってもいいんだと思うのです。ずっと数教協っぽいというのは無理だと思います。

二進法にしたら今の電卓じゃないのかとか、非常にすんなり聞けたとか、これらは私が大学生の時や今までずっと思ってきたことと全く同じです。何の違和感もないのにどうして抵抗があるのか、先程の話にも、戦前の黒表紙・緑表紙にとことん固まっていた人たちの抵抗、それといわば教育国家主義の人たちの抵抗があったのですが、今でも形を変えて抵抗はあると心配しています。ただし、教育というのはさまざまな違和感が湧いてくるものなんで、違和感をもって考えることが学生さんにとっては、大切だという気がします。

フロア：私は英語教育に携わっていますが、どんどんと違った方式が入ってくる。そうすると先生方が十分に実践ができないまま、さらに次の方式が入って来る。水道方式というのは偉い先生方が考えられて相当な確固たる信念をもって作られたと思うんですが、先生方がそれを指導なさるわけですので現場の先生方がどういう反応をもって取り組んだか、ということに興味があるんです。

小沢：私の見る所だと、水道方式は非常に当たり前の、誰でも考える方式だと思います。タイルもわりと気軽に使ってもらえばよいので、教条的に水道方式でなければいけないという、そんなことはないんで、水道方式よりもっとよい方式が出たらどんどんやればよいし、今のところはインド・アラビア数字を使うことを納得する限りでは一番優れているんではないかと思います。

司会：先程のお話の中にも盛り込まれていましたが、改めまして、時代を拓く教師教育の在り方、あるいは教師を目指す学生の皆さんに願うこと、期待することはいかがでしょうか。

小沢：先頃から聞いていて感じたこととの関連で言いますと、何か学校の先生が窮屈になっていて、自分の考えがあるのかなという気がします。それで、学生にはまずは自分がわかることが大切であると言ったんですが、わかるとは一体何なのだろうか。わかるというのは、たとえば僕が「富士山」というと、皆さんは富士山の形をイメージします。イメージがない人は富士山がわからない。わかるというのはイメージを共有することではないか。そういう心理学の一つのテーマがありますよね。僕はこれを大変よいと思っています。まずイメージが得られるかどうかが勝負だ。それでそのためには、一生懸命毎日大学で学んだりしていることで得られたイメージをきちんと描けるような先生になる。生徒たちにもイメージが描けるような授業をする。モノを使ったり手を使ったり、座学だけではダメですよね。そうすると学校の教師は面白いんですね。

私は一旦寝た後、気になって寝られずにまた起きだしてプリントを作ったりしたものです。ぎりぎりまで上手くいくかなと思いながら授業に行って、やっぱり大体は上手くいかない。ひと月に一度くらいしか良かったかなという授業はない。しかし、とことん自分で納得して準備して実践して失敗する。それが非常に楽しかったですね。それに対して偉い人が、教科書通りやれとか外から圧力をかけた。何度か「職を懸けて」喧嘩しましたよ。だいたい勝ちましたね。なぜかというと、こっちは失うものがない、目の前の生徒しかない。校長は失うものが一杯ある。なぜそれを今の人は出来ないのかな、そういう気がしています。教師としての楽しさは生徒がどれだけ理解してくれるのかということですからね。それで勝負するということを私はしましたね。今教壇に立っている先生方も、教師をめざす学生の皆さんも、何とかがんばって欲しいなと思います。

司会：では、小沢さんにファイナルコメントを伺います。

小沢：私は大学を卒業した時に数学が表面的にしかわかっていないことに気がつき、それで数教協に入ったら、

「数学出来ない競争」に巻き込まれました。数学科を卒業して形式的には出来るんですよ。ゼミで当たると解いてしまう。よく出来るね、と褒められましたが、真の意味は全然わかっていないんです。それが数教協にきたら同じような人が二・三人いたものですから、「出来ない競争」になりました。そういう連中がたまに「わかった」という時があるんですよ。小学校もそうかもしれませんが、大学生も「出来る競争」ばかりになってはいないか。「出来ない競争」をすべきじゃないか。おれはわかってないぞ、わからしてみよ、と。たとえば「確率とは何か」とか、一〇年くらい数教協でやりましたが、難しいですよね。それから数教協に早稲田大学の小島という先生がいて、ときどき「銀林さんはだめだ」と言って批判をする。これはいいことで、数学が出来る・出来ないかさえ一列に線形に並んでいるものでなく、人によって違う。直感的にわかる人がいれば、わからないことを大事にしていて、そこから少しずつ理論的にわかる人もいる。見栄えの格好だけがよい「わかる競争」にならないような勉強をやるとよいと思う。せっかくの大学生なんだから。自分の学生時代の反省も含めてそう思いますね。

斎藤喜博の「授業を核とする学校づくり運動」について

横須賀 薫

二〇一六年一月二三日

【横須賀《よこすか》 薫《かおる》氏 プロフィール】

一九三七年、神奈川県横浜市に生まれる。一九六〇年、東京大学教育学部卒。同大学院修了。大学院では大田堯研究室で民間教育運動史を研究し、専攻は教育史・教育哲学。東京大学教育学部助手を経て、六八年宮城教育大学の教育学担当教官として赴任。赴任後は、教員養成改革に没頭し、教員養成の機能論を批判し、領域論の確立を提唱した。二〇〇〇年八月より宮城教育大学学長を務め、二〇〇六年七月末退任。二〇一一年四月より十文字学園女子大学学長に就任、二〇一七年三月退任。この間、国立大学の教員養成に関する委員会の委員長や中央教育審議会の専門委員、ワーキンググループの座長等を務めた。

講演の前提

『総合教育技術』二〇一五年八月号（小学館）で「日本の教育史上最高の教育者は誰だ」という人気投票をやったことがあります。結果は第一位が「大村はま」で、「斎藤喜博《さいとうきはく》」が四位、ということがありました。これは福沢諭吉だの吉田松陰だの、時代的に限定もなしに行われた人気投票ですから、どれだけ意味があるかということになるかと思いますが、斎藤喜博がよく知られた人物であるということはこれでわかると思います。

彼が行った仕事の意味は何なのかということでは、「授業の名人だ」とか「芸術家気質の教育者だった」とかいろいろな評価があって、今は結局忘れられた教育者に入ってきていると思います。私はようやくこの頃、斎藤喜博の一番大事な仕事の中の芯になることが何なのかということについて、私なりの整理がついてきた。それは「授業を核とする学校づくり運動」だったのです。個々の授業の作り方を超えてその授業を意味のあるものにし、全体としての学校をつくり、そこで教師が育っていって子どもが育っていく、という、子どもの成長と教師の成長とが好循環で作られていく「学校づくり」というものを、運動としてやっていこうと身をもって死ぬまで実践したのが斎藤喜博の一番の芯になる部分ではないか、というふうに考えるようになった。でも結局は、斎藤喜博の周りにたくさんの研究者が密集した時期もあるし、ぶらさがった時期もあるわけですが、最後まで残ったのが、この学校づくり運動に興味を持った者たちであるという現実もありまして、私はここのところが芯になるところではないかと思うのです。ですから最初に司会者がおっしゃった「子どものとらえかたと授業の作り方」は大事な問題だとは思いますが、斎藤喜博はそういうものを超えて学校をどういうふうにつくっていくか、その全体像を提示したのだと思っています。

また、斎藤喜博は理論を提唱しようとしたのですが、それを超えてむしろ自分の生身の体をもって、指導の在り方を示したことをもって、今でいう教師教育という概念で教師を育てていこうとしたので、こういう点は映像で見た方がわかります。この少し前まで「斎藤喜博研究会」を私が主宰し、資料の収集と整理と理論づけをやってきたつもりです。ところで、事務局長で現在、十文字学園女子大学教授の狩野浩二が来てくれて、ビデオについて操作してくれています。紹介します。四〇分ぐらい「授業を核とする学校づくり運動」という角度でお話をさせてもらって、その後五〇分くらいＤＶＤを解説しながら見ていただきたいので、よろしくお願いします。

斎藤喜博の人柄と実践

斎藤喜博は一九一一（明治四四）年の三月に群馬県佐波郡芝根村川井というところで生まれました。ここは本当に利根川の支流になる烏川の目の前で、実家が水害で流されたりしている。明治四四年生まれというのは国分一太郎さんと全く同じです。それから東井義雄さんが翌年生まれました。学年で言えば斎藤喜博や国分一太郎の方が一年上ということですが、私は戦後教育実践家として三人挙げろと言われたら、この三人を挙げたいと思います。この三人とも在地の高等小学校を出て、在地の師範学校を出ている学歴を持っている。三人はそういう学歴だけで教育の世界に入って、その後大変大きな実績を残されたことは、教師教育を考えるうえで、重要な問題ではないかと思っています。戦後は師範学校批判の方が根強くなってしまって、実践的な教師教育がだんだん薄れてきてしまっているのが、今のような現場の状況を作ってしまっているのではないかとかねがね思っているし、言ったりしています。その三人はちょうど出身地の師範学校を出て、出身地に近いところで小学校の教師になって、戦後に花開くような実践を展開したということです。

斎藤喜博の特色の一つはアララギ派の歌人で、一九三五年八月、土屋文明を生涯の師としたということです。このことに深入りする時間がありませんし、別の問題も出てきますので、簡単にしますけれど、アララギ派の中で斎藤茂吉と並ぶ土屋文明ですが、いわゆるリアリズムの歌人として特色を持っているわけで、斎藤喜博は土屋文明からものすごく学ぶ、ということは教師の生涯を考えるうえで重要なことです。

さっき言いましたように出身地の学校を出て、玉村尋常高等小学校へ初任の教師となったのが一九三〇年。奈良女高師教授で附属小学校の主事だった木下竹次《きのしたたけじ》が提唱した「学習法」「合科学習」「相互学習」という「教授」ではなくて、「学習」に注目した提唱が大正期にあって、成城小学校や成蹊小学校などの新学校が展開される基となり、師範の付属小学校の実践的研究が展開されました。昭和期に入ると公立小学校に影響が及んで、各地で学習について実践的に研究する学校が出来てきました。その群馬県の中心の一つが玉村小学校で、その指導者が宮川静一郎でありました。斎藤喜博は師範学校を出る時から宮川校長のもとで仕事をしたいということから、赴任していくのです。今と違って、ある程度自分の行きたい学校が実現するという時代でしたので、玉村小学校が教師としての出発点になりました。この宮川校長のもとで学校が実践的な研究をする、そこで人間的にも成長していくというこの図式というか像は、その中の斎藤喜博のいわば出発点になっていく。

戦後になって、群馬県の教職組合の文化部長などを経験したりしますが、一九五二年四月、佐波郡島村小学校の校長になります。四一歳の時でした。今は四一歳の校長というのはあまりいないのですけれど、そのころでもそういなかった。この島村小学校こそ利根川べりで地理的に群馬県が埼玉県に食い込んでいるところで、島村というのは利根川を挟んで埼玉県側にある地域です。利根川を渡ったところにあるのが島村小学校の分校です。地理的にとても面白いところだった。今はなくなっていますが、その当時は十分な数の子どもたちがいる。この島村小学校から斎藤喜博は自分の考える「教師を育てながら」実践していく。これが戦後教育史の中で特筆される島村小学校であります。また、それを実際に仕事をしながら本に書いていくという、他の実践家と違う面がありますす。たとえば『学校づくりの記』（国土社、一九九〇年）という著作を表わして、「学校づくり」という言葉を定着させたのは斎藤喜博です。授業というものが大事だと追究して、教師を指導して島村小学校の授業を創り出し、『授業入門』（国土社、二〇〇六年）とか『島小の授業』（麦書房、一九六二年）、『授業の創造』（明治図書、一九六三年）などを本に書いていく。

もう一つ大事なことは、島小の実践は、いわゆる教室の授業だけではなく、子どもの合唱活動とか身体的な表現活動とか、総合教育であったことが非常に大きな特色で、斎藤喜博が有名になっていくという意味で大きな成果をあげながら孤立してしまうのは、教育界の中で特異な学校をつくったということです。教師の間で評判になり、社会的にも大きな注目を浴びる。資料に「事件としての島小」とタイトルをつけましたが、一一年間島小の校長で在任中、全八回の学校公開研究会を開いて全国の教師や知識人を招いています。机をつけて座っている子どもたちより、見学者の方がずっと多い状況です。公開研究会は有名で、「事件」と呼んでもよいくらいです。

斎藤喜博の独特なところで、ある意味で教育界から嫌われたり、つまはじきされることになったところは、そういう実践を映像で世の中に示していこうとしたことだと思います。一九六〇年の三月に写真集『未来誕生』（麦書房）を出しています。これは川島浩という若手社会派のカメラマンが撮影したものに斎藤喜博の文章をからませて出た本です。授業の場面での、子どもの表情の変化が生き生きと伝えられている。こういうのは土門拳の炭鉱街の子どもの写真集がありますが、学校の授業中の子どもの写真が一つの本として出されたのはこれが初めてです。自分の実践を皆に知ってもらうのは言葉ではなくて、むしろ映像・音声で示していきたいというのが斎藤喜博であった。一九七〇年一〇月にレコード『風と川と子どもの歌』は、島小と次に校長になった境小の子どもの合唱を音声で示そうとしたものです。また一九六二年四月に近代映画協会『芽をふく子ども』に島小の子どもたちを撮って、映画になっています。このように映像や音声で示していくことに非常に執着していたということです。これは大事なことだと思うのですが、教育界はそれを評価しないところがある。今もってそうなのですが。

一九六四年にその辺りでの中心校の境小学校の校長になって、一九六九年に退職します。しかし、その前の六七年に神戸市の御影小学校を指導しています。これはほぼ退職を覚悟して島小であった仕事を、志のある校長と共に全国各地の小中高の学校、特に小学校で作っていくことになります。私は、それを「授業を核とする学校づくり運動」と呼びます。島小で一一年、境小で五年、並行して神戸の御影小で七年など他に七校、亡くなるまでに計一〇校で直接の指導をする。私も含めて、教授学研究の会の研究者が、同じように学校や幼稚園に入って学校づくりをする仕事に取り組みました。合計二〇校ぐらいになります。斎藤喜博の構想としては、このようなものがどんどん広がることで日本中の学校が変わって行く、その中で教師が育っていくということです。芽は出たところで、続かなかったということですけれど。

それから一九七〇年、佐賀大学教育学部で始まった教員養成の指導をすることも並行して行いました。これは、その後大分大学とか都留文科大学とかもありますが、一番力を入れることになったのは、宮城教育大学だろうと思います。私はそこで斎藤喜博の学生や現場の教師の指導をする際の助手役みたいなことを務め、教授学研究の会の設立に加わって、晩年の斎藤喜博を一番よく知る人間になってしまった、ということであります。もう一度言いますと「授業を核とする学校」を全国につくって、同時に教員養成大学の学生たちを指導することをもって、日本の教育を変えていくことを考えて、身をもって実践していった。しかし、それに参画する人は決して多くなく、斎藤喜博が生きている間のものに留まってしまった。今やほそぼそと続いているに過ぎません。あとで聞いて欲しいのですが、狩野浩二などは沖縄でこの運動を続けているということになるのです。

もう一つの重要な問題は、「教授学」への志向で、大事な問題であり、斎藤喜博にとっては、見果てぬ夢で終わったことです。「教授学」という言葉は、今はほとんど使われなくなっていると思います。しかし、ある時期、一九六〇年代は日本の教育学や教育実践にとって、非常に大きな課題となった領域あるいは研究方向なのでありました。斎藤喜博や国分一太郎は、戦後すぐ再建された教科研（教育科学研究会）の再建に参加して、島小を舞台にした実践活動と同時に、学者たちと一緒の研究活動、あるいは日本の教育を動かしていく活動の舞台を教科研に求めていく。今では考えられない状況ですけれど。

東大教育学部の教員たちも教科研を舞台に、日教組の教育研究活動にも主導的な役割を果たしていくのです。

ですから、斎藤喜博は教科研の活動家でもあった。一九六〇年代の初めに教授学の建設ということが日本の大きな課題に浮かんでいます。これは、一九六三年のところに四つほど整理して書いてありますが、どういうことが教授学として課題になったか、そしていわばその教育運動のナショナルセンターの役割を果たしていた教科研に教授学特別分科会というものが設けられているわけですが、その要因を四つあげてあります。

一つが、当時ソビエトや東ヨーロッパの東欧系の教育学者たちの中で教授学や授業分析とかに関する本がたくさん書かれていたので、それが翻訳されていた。二つ目は、この会でも問題になっていたと思いますが、一番中心となった数教協（数学教育協議会）の人たちの提唱する「教科の現代化」という主張。三つ目に戦前から戦後の日本の教師の教育実践により多くの影響を与えた「生活綴り方」。これは単なる作文を超えた「生活綴り方的教育方法」だという提唱があったわけですが、これは何なのだということ。それから四番目に島小を中心とした授業実践の意味。この四つくらいの背景があって教科研に特別分科会が開かれ、六五年に教授学部会が成立します。教科研は日常的には部会での活動をやっていました。だから、国語教育では、教科研国語部会という団体が活動していきますが、教授学部会などは一九六五年に部会になった。斎藤喜博は、この時教授学部会の中心になる。「教授学および授業展開の一般的法則」という論文を『現代教育批判』（国土社、一九九一年）という本の中に書いています。授業の経験を集約して授業のつくり方の科学（学問）を確立しなければならない。それは優れた授業を分析して、整理して体系化することで教授学とすることができる。それから、それがやがて実践の指針になっていくのだ。斎藤喜博は「教授学ということは自分が最初に言い出したのだ」と私などに言っておりましたが、このところは、一寸前に国分一太郎が指導した日本作文の会が生活綴り方教育方法を止めて、現代日本教授学の建設をしようじゃないかと提唱している。この流れが実は大事で、斎藤喜博が割り込んだ形で自分が主導権をとるということが良かったのか悪かったのか、というのが後から思うところです。

教授学部会には斎藤喜博と東大教育学部の柴田義松《しばたよしまつ》さん、稲垣忠彦《いながきただひこ》さんと三人が指導する。この時に斎藤喜博が主導権を確立して、山住正己《やまずみまさみ》とか堀尾輝久《ほりおてるひさ》とか教授学の最初のところで主導権をとっていた人たちが離れていってしまう。やがて斎藤喜博が教科研の中で強い批判を受けて、教科研に居られなくなって教授学部会を外へ出すという形になる。そのことが一九七三年に、教科研を離れて教授学研究の会を結成するということになる。教科研という組織は、一種の左翼的組織であって、斎藤喜博にとっては窮屈であった。一九七〇年に、宮城教育大学の林竹二《はやしたけじ》に会って意気投合。宮城教育大学に招かれるということが、今まで考えていたことが実現可能となるのではないか、と思った動機になったのだと思います。しかし、林竹二との間でも分かれて、柴田義松や稲垣忠彦も離れていってしまい、斎藤喜博は孤立してしまう。亡くなる直前に残した短歌があります。「斎藤教授学と云はれしものも残りしか残ってもよい残らなくもよい」。東大教育学部で非常に実践的な運動に力を注いだのは柴田・稲垣氏が最後で、しかも斎藤喜博を見捨てるという形になったのはこれだと思います。私自身のことは後で申し上げます。予定の時間でＤＶＤになっているものを見ていただきます。キーとしての「学校づくり」でどんなものを取り組んでいたのか。幾つもの学校で違うわけですが、共通に取り組んだ活動、そして教授学研究会の私を含めて研究者が学校に入って学校づくりをした時に、どのような活動に取り組んだのかを見ていただきたいと思うのです。これからお見せするのは年譜の一九七八年三月にＮＨＫが作成した「教える―斎藤喜博の教育行脚」という放送のＶＴＲです。ＮＨＫの非常に熱心なプロデューサーだった杉崎さんが、テレビ嫌いの斎藤喜博を口説いて、撮ったフィルムは後の研究に残すから、として撮ったものです。やや斎藤喜博個人に光が当たりすぎて、しかも文学者のような姿が妙に目立つ放送で、林竹二などは「ちょっとどうなのかなあ」というように感想を言っていました。私も「ちょっと無理なところがあるな、斎藤喜博から離れて行く要素はこんなところにあるのかな」と思ったものですが、残された資料が斎藤喜博の真骨頂じゃないかと思います。このフィルムはほとんど大事な部分が残っています。最初は石川県小松市の東陵小学校というところで、学校づくりをする姿が残っています。

■主な著書

『教師養成教育の探求』評論社、一九七六年
『授業における教師の技量』国土社、一九七八年
『子どもの可能性をひらくもの』教育出版、一九八七年
『授業の深さをつくるもの』教育出版、一九九四年
『斎藤喜博　人と仕事』国土社、一九九七年

【解　題】斎藤喜博の活動と教授学について

遠藤　紳一郎

一、斎藤喜博とは

群馬県出身の教育者。元宮城教育大学教授。群馬師範卒。斎藤喜博全集は、第二五回毎日出版文化賞（全一八巻、国土社）を受賞した。一九五二年に四一歳で群馬県南端の佐波郡島村の島村小学校（伊勢崎市立境島小学校、閉校）の校長となり、一一年間、「島小教育」の名で教育史に残る実践を展開した。島小時代には毎年授業と行事（合唱、体育発表、野外劇等）を中心とした公開研究会を開き、全国から教師、研究者が参加した。教育科学研究会（教科研）の活動にも参画し、教授学部会を設けて柴田義松らと世話人を務めて主導的役割を果たした。七三年、教科研を脱退して「教授学研究の会」を結成し、毎年公開研究大会を開いた。佐賀大学、大分大学、岡山大学、都留文科大学等の非常勤講師を務め、林竹二学長に要請されて宮城教育大学授業分析センター教授に就任し、横須賀薫と共に「教授学」の講義と演習を担当し、

教師養成教育に努めた。

二、横須賀薫が捉えた斎藤喜博教授学について

横須賀は、「斉藤教授学」を以下のように捉える。五〇年を越える教師生活・教育実践生活で、斎藤喜博が一貫して追求したのは「授業を核とする学校づくり運動」であった。個々の授業の作り方を超えてその授業を意味のあるものにし、トータルとしての学校をつくり、そこで教師が育っていって子どもが育っていくという、子どもの成長と教師の成長とが好循環で作られていく「学校づくり」というものを、運動としてやっていこうと身をもって死ぬまで実践した。その主体は生徒であり創造的な教師であり、校長を務めた島小・境小の実践と、それを踏まえた多数の実践的授業論書の中で示した。「無限の可能性」「授業の創造」「教師は授業で勝負する」「ゆさぶり」「介入授業」など、今日の教育実践を語るタームの多くが、彼の心血を注いだ教育実践の報告から生まれた。この影響は絶大で、斎藤実践を目指して努力する無数の教師を生んだ。斎藤は授業を芸術と同じ創造的行為と考えた。そのために必要なのは教師が「自分の教材解釈」をもち、「子どもが見える」ことと捉えていた。斎藤は一回性の授業に打ち込み、授業の原理を解明する教授学を構築しようとした。しかし、授業のもつ人間的課題と研究的課題の二律背反が成立を難しいものにした。教育学は変わらなければいけないと斎藤は考えていたが、現実はそうはならなかった。それゆえ、現在の教育現場にこそ、斎藤の理論は実践的指針となるべきものである。今日ほど、社会的多様性が求められる中で、「授業を核とする学校づくり」は、思想・立場を越えて、学校教育活動において普遍的価値を持ち続けるのである。

横須賀薫氏とフロアとの応答

司会：ご参加の方々から、いくつか質問を寄せていただきましたので、それを踏まえてお話しいただきたいと思います。

横須賀：ご覧になっていただいたＤＶＤの画面で、指導している教育内容ですね。ああいうものは今の日本の学校の中にはないものですね。音楽は音楽、体育は体育というふうになっていますけれど、斎藤喜博は総合的に扱う内容を指導しています。「斎藤の戦後の学校づくりと戦前、戦中期の実践に、どのような連続性を見るのか」という質問ですが、斎藤喜博は師範学校で身につけたもので、その後、教員になって、その中で自分のものとしてつくって、そして島小の校長になって教師たちを指導する。戦後の日本の教育の一番の悲劇は、師範学校を完全否定してしまった所にあると思うのですね。三〇年くらい前にこういうことを言って、私は随分叩かれたのですが、さすがにこの頃は言う人がいなくなったのですが。実践的な教育方法が指導されて、それが学校で教師になった時に続いていくという、いわば教員養成と現職教育がワンセットになっていて、今のように教員の養成の中味は中味、学校行ったら全然違うことになる、というのとは違うのです。師範学校ではどっちかというと徒弟的になってしまうという欠点を持っているのですが、実践的であったと思います。それが戦後非常に後退したのだと思っている。教育学者は、それを戦前の遅れた師範学校の内容を否定して新しい教員養成が始まったと書き続けている。私は完全に間違いだと思っています。ですから、連続性からいうと、斎藤喜博の世代の人、もう少し後の世代の人など、師範学校で勉強したものを実践していった人たちを見落としてはいけないのではないか。教師教育にとって非常に重要なことではないか。

次に、「斎藤がめざした子ども像とはどういうものだったのか」という質問ですが、子ども像なんてよく使われる言葉なのですが、斎藤が原則としたのは、「可能性を引きだす」ことです。子どもは可能性の塊で、子ども自身が意識し、どうにかしているということではなくて、教師が引きだしてやった時現実になるのです。子どもに対する信頼、可能性の塊であるという信頼は非常に強かった。これは、申し上げておきたい。

次に「授業を核というより、身体表現や合唱が中心のようだ」という質問ですが、授業のビデオは宮城教育大学で集積されたもので、もっといろいろあります。私なんかはどちらかというと、こういう表現的なものより授業の作り方の原則などの方がお話しできます。私の持ってきた材料が十分ではなかったので、斎藤喜博の場合の授業の核はそんなに違ってないと思います。ただ斎藤喜博は授業を積み重ねていくと体系ができる。そして、それで教授学ができたのだと考えたところが、私には甘過ぎたのだと思っていて、斎藤喜博の悲劇だと思っているのですね。授業というのは、そういうふうに体系化したり、理論化できるものなのかというと、残念ながらできないと思います。結局、授業の理論とかそういうものを教育学者が提唱したりするけれど、どこまでそれが意味をもつのか。いっぱい出て来ては消えて行くし、文科省なども取り上げたりして、最近は妙に東大教育学部と文科省が仲よくなっているのですけれど、これが本当に現場のためになるのか、というと私にはそうは思えない。授業の理論はありうるのか、これは皆さん方の考えを伺いたいですね。

次に「算数や理科の授業はどのように行われたのか」という質問ですが、これは今言いましたように、授業の興味関心を高めて引きだしていくポイントは沢山あるのですね。島小での授業は理科や算数がものすごく取り入れられていた。教材の方から攻めるのではなくて、経験的に子どもの心理と授業の作り方とを一致させていく鍵のようなものが島小の実践や斎藤喜博の講義の中にいっぱい出てきていることは申し上げておきたい。

「林竹二との別れの原因は」という質問がありましたが、別れたのは林竹二の方です。私流に言うと、斎藤喜博を林竹二が突き飛ばした、ということになる。林竹二のことを話しだすと、これはまた、何かということになるし、林竹二に言われて私は斎藤喜博を宮城教育大学に招いて、ずっとお世話をして、斎藤喜博の魅力に取りつかれた人間で、こういう風になっていった人間ですけれど。林竹二からは人間的に学ぶものがあったし、世話にもなった。人間的には林竹二の方がずっと付き合いやすい人だったけれど、やはり思い詰めていったところもある。田中正造研究が林竹二の原点になっていますが、文献的に研究していくと同時に、田中正造のようになっていくのですね。ならないと気が済まないタイプの哲学者です。

ですから、晩年は小学校などの授業に突入していく。だから、斎藤喜博と出会うのですが、やがて兵庫県の湊川高校に部落の子どもたちが集まっているが、そんな学校に入っていく。そこで世の中から切り捨てられた子どもと教師の世界に入り込んでいくのですね。それも谷中村で見捨てられた領民とともに最後までいった田中正造を自分に重ねたような気がしているのではないか。もともと斎藤喜博と林竹二は授業という世界で交わったようだけれど、私はよく喩えをいうのですが、地上からみていると空の上で交わったように見えるものは、本当はものすごく距離が離れているのに、地上の人間からみると交わったように見えるということがあるのではないですか。私は両人がたまたま交り合って交流したように見えるけれど、本質的には随分違うのだと思います。林竹二の方が斎藤喜博の世界の甘さみたいなものを言って別れていく。というのは、林竹二側からすれば必然的なのでしょうけれど、一寸哲学者の観念論、思想と現実を一体で捉え過ぎるような行き過ぎというものを感じるのですね。

だから、私が斎藤喜博から離れて林竹二のところについていくということは十分にあり得たし、斎藤喜博さんは、私が斎藤喜博と一緒にやるようにしないのだろうなと思っていたみたいで、私が斎藤喜博と一緒に続けるようになったことを非常に喜んでくれたことがありました。私は別に喜ばそうと思ってやったわけではないけれど。林竹二の人柄などが私は大変好きなのだけれど。もう一つは、林竹二は私に斎藤喜博との断絶の後、自分は湊川に入ったことで違う世界に行ってしまったのだと。でも斎藤先生のやってきたことはすごく大事なことで、誰かが支えてそれを理論化しなければいけないはずだ。それをやれるのはあんた（横須賀）だ、という風に林竹二から言われました。これがあるから、私もある種の決断がついたのです。だから、林竹二は本当のところは斎藤喜博を評価していたが、自分の役割は違うものになった、という風に言ったのですね。でも斎藤喜博に対してはものすごい打撃になったという点では過酷なことなのだな。持病の肝臓病が悪化して亡くなるわけだけれど、そういう点が身体にひびいたことは否定できないでしょう。

司会：まだご質問があれば挙手をお願いできますか。

フロア：神奈川県でも一九六〇年代に教員の自主的な教科の研究会が大変盛んになっていたことがありました。全国的な傾向はいかがでしょうか。

横須賀：大事なご指摘です。県とか地域によって強弱があります。たとえば数学が中心で活発化したとか、理科だとかあるわけですけれど、あのころ「教科の現代化」という言い方がされたのです。「現代化」が何かと言われると、誰も的確に言えているわけではないのだけれど、教科内容の研究をすることが非常に広がったのです。これは戦前にはなかったことで、しかも数教協に典型的なように、実践を積み重ねて現代化するというやり方ではなくて、数学理論の方から教科の内容を批判して組み立てていく。実際、現場はそれの実験をやってみる。実践というよりやや実験にと言った方がいいようなことなのですね。これと島小などの感覚的、経験的な研究とどういうふうに結び付けていくのかというのが、教授学部会の重要なテーマになっているのですが、だからその頃で言うと両方の仲が悪いですね。こういうことはよく歴史の中で起ることです。仲良く研究していればちょっと違ったのではないかと思うのですが、両方で罵倒しあっていた。特に現代化の人たちは勢いが良かったし、どっちかというと、数学の専門家とか化学の専門家などは教師をバカにしていたのですね。「そういう人たちがそんなことをやっているからダメなのだ」と現場をバカにするというところがあったと思います。「数学の理論でやれば一遍に解決する」というふうな形だったのかな。統一された研究が進んでいくということができなかったのですね。未熟だったと言っても良いのでしょう。私は生活綴り方の方から入っていたから、教科研では国語部会が一番近かったのですけれど、これを指導した奥田靖男《おくだやすお》などは自分の持っている文法理論で全部やれる、と言っていたし、やっていた。ですから、斎藤喜博からは評価されていなかった。そういう時代があったのでしょうね。残念でした。

フロア：先ほどの映像を見させていただいて、若干、規律主義的というか集団主義的というものを感じてしまいました。もちろん表現という中で素晴らしいなと思いつつも、斎藤さんが華々しく活躍された時期は一九五八年の学習指導要領改訂の時期で、高度経済成長の中で、受験の為の学力のような競争主義的なところが入ってきた時期と重なっていて、それが一九八〇年代の校内暴力などが出てきて、手放しに教育というものの在り方が問題となっている中で、継承されるものなのかなと感じました。

横須賀：斎藤喜博の仕事は戦前の蓄積の上で戦後の教育の花が開いたものだと思うのですね。ですから、斎藤喜博の仕事が集団主義的で上からの抑圧だという見方は少し違う。むしろあの時代の開放性の方が強かったと思います。戦後の日本の社会がこういうものを活かしていく力がなかったし、さっき言ったように、本当は一緒に手を結んで研究していけば、もっと違う世界が出てきただろうと思います。これはなにも教科研究の人たちが悪いというのではなくて、両方がこうなってしまう。東大教育学部の先生たちというのは、勝田守一《かったしゅいち》や宮原誠一《みやはらせいいち》、宗像誠也《むなかたせいや》など指導の立場にいた人たちに多くの責任があると思うのですね。今言ったように両方の良いところを統一して新しい研究を開いていかなければいけないし、そのことは勝田守一という人が役割を担っていた。この人が六〇歳で死んでしまってからがおかしくなりましたね。勝田さんは常に「統合」ということを唱え続けていた。それから、教科研究者の方から斎藤喜博を攻撃することが始まる、斎藤喜博の方は諦めて出ていく、という風なことが始まったのです。一人の人間をなくしたために全体がダメになるというのは、基盤が脆弱だったということに尽きるのだけれど、勝田守一が亡くなったことは大きかった。これから正しく勝田守一研究をする方が居てくれればよいのだと思っているのだけれど……。

それから、大事なことは教育学と教師教育とが一体でなければ成立しないと思っているのですよ。ところが、今の教育学は全然そうなっていないで、どんどん違う方向に行ってしまう。教師教育なんていう関心が東大の人たちには無くなってしまっているように見えて仕方がない。

フロア：僕は英語が専門ですが、アメリカの教師にとって授業というのは生命なのですね。ユニークな方法で実践している授業公開にはたくさんの先生が集まることがありました。お話の中で、授業は体系化出来ない、ということがありましたのでお伺いします。授業を理論化体系化してから授業に取り組むという進め方がよいのか、授業を進めていくと理論化体系化せざるを得ないことがでてきますが、いかがでしょう。

横須賀：授業というのは楽な仕事、やさしい仕事だと思っている人が多いですが、人間のやっている仕事の中で一番難しい仕事に近いものだと思うのだけれど、学者たちはそうは決して言わない。その辺でやっている子守の仕事の類だと思っているのではないか。ノウハウはたくさんあることはあるし、身につけている人たちがたくさんいることはわかっているけれど、その個人から離れて体系化して言葉でまとめられて、それを読んだり聞いたりするとそれが出来るという、こういう世界があるのだろうかと思います。私も最初はあると思って、一生懸命やっていたことがあるのだけれども、本当はないのではないか、と思うようになってきた。斎藤喜博はやれるのではないかと思っていたけれど、たどりつけなくて無念の死を遂げるのですが、私はその後も、ないのではないか、と。つまり稲垣忠彦さんは斎藤喜博とやっていたけれど抜けてしまって、授業のカンファレンスの世界に入って行ってしまうのだけれど、三年くらい前に亡くなってしまう。私もこれは難しいというのは誰でも言えることだけれど、本当は誰も出来ないことなのではないかと思うようになっていますね。

フロア：関連して、著書を見ていくと一九六三年の『教育の演出』、一九六四年『授業の展開』、一九六九年『教師の実践とは何か』、一九七九年『教師の仕事と技術』に引っ掛かってしまう。教師の仕事というのは授業ですから、技術というのに引っ掛かる。斎藤喜博の技術というのは単なるテクニックではないのではないか。

横須賀：斎藤喜博の場合、今言われたこととは違います。斎藤喜博が授業論として最高にたどり着いたのは一九六四年の『授業の展開』だと思うのです。授業というものは子どもと教師の相互の絡みで展開していくものですね。その弁証法を具体的技術で解き明かそうとしたのがこの著作で、斎藤喜博の著作では最高のものだと思っています。林竹二に『授業の成立』という本があって、これは斎藤喜博の仕事の理論化として最高に優れています。この二つでは相当いいところまで迫っていると思うのだけれど。斎藤喜博はこの上で、さらに体系化できると思っていて、私にもしっかりやれと言ったり、稲垣忠彦に期待もしていた。私は無理ではないのかと思います。林竹二は斎藤喜博の仕事を哲学的に考察して、「授業が成立するというのはどういう条件で始まるのか」といったが、大事なことと思います。その矢先で湊川高校に行ってしまって、それまでの話と違う話になってしまった。『授業の成立』という本は良いと思っているのだけれど、湊川高校に入ったあとの著作集に入れられた『授業の成立』はちょっと違ったものになった。だから、それぞれ良いところがあっても、それが続かない。日本の教育学はやはり外国で唱えられたものを取り入れようとする。教授学の一つの側面ですね。今は北欧型などが好かれているみたいだけれど、そういう翻訳ものがある。

フロア：映像を見て、とても人間的だなというのが第一印象です。懐かしい映像の中に体育の授業で、一人ひとりに跳び箱をさせているときに、自分の番が来るのを他の子どもたちがきちんと待っているのです。今はそういう状況があまり見られない。多分勝手に動き回って、かえって危ない状況となる。そういうことを想像するので、もしかするとさっきの若い方が、均一主義とか集団主義に感じたとおっしゃったのではないかな、と思ったのです。だけど、一つはとても危険を伴うものだから、大事なことだと自分の実践した時にはそう教わったし実行していた。あと、教授学の発達に関してですが、授業は各教科の目標があって、それを学ばせるのだけれども、その中に同時に人間を育てるという部分は必ずある。並行してあるのだというイメージがあるのですね。もしかすると、さっきから言われているのは、そこら辺から離れてその子の知識的部分とか授業の内容のある部分を教えることに偏り過ぎていってしまったのかな、と思ったのですが、どうなのですか。

横須賀：大事な指摘だと思います。小学校と中学校のどっちが大事かという話は成り立たないけれど、斎藤喜博の仕事の総合性と人間性ということは小学校教育の中だけしか出てこないのですね。じゃあ、中学校はだめなのか、というと実は中学校ではあまり広がらなかったし、高校ではたまたま定時制のようなところからしか出てこないのですね。さきほどから言っている、統一が取れなかった弱点だろうと思うのですね。教員養成が総合的なもの人間的なものを教えられなくって、教科分化で、数学教育はこうだ、理科はこうだという風に個々ばらばらに扱われちゃっているところに、教師の資質能力が低下してしまうことになっている。教科の研究が行われているわけではなくて、教科主義になっている。

フロア：今日のビデオを見ていて集団主義の話がありましたが、まず、子どもたちが「話を聞く」ということに着目していたのですね。斎藤喜博の指導は、今からみると「あの程度か」と思うのだけれど、子どもたちが待っているとか、公開研究会で子どもたちの授業参加の様子とか、それを見ている参加者がなぜあんなに関心を持っていたかというと、戦前の教育の後に行き詰まりを感じていたからだろうと思います。教師が言ったことをわからないのは子どもが悪いからだ、という先輩たちの雰囲気を感じていました。そこに、教授学のグループはちょっと違っていた。たとえば絵を自由にしっかり小学校の中でもやれたし、歌もしっかり合唱でも歌っていたという風に思ってみると、一つの新しい動きとしてもあっただろうと思います。ただ、斎藤喜博の晩年、自分の身内の中に入って行って外部との関係が僕たちにも伝わってこなくなって、力をもたなくなってきたという契機は自分でもあるのですね。今日お話を聞いていて、ちょっと残念だなという感想をもちました。

フロア：高校の教員をやって最後に管理職でした。その時に授業評価を通じて職員評価をするということで、とても悩みました。高校の教員は教科主義でして、なかなかお互いの授業をほとんど見ない中で、年に二回お互いの授業を見ましょうという提案をしましたが誰も見ません。翌年三回授業を見て必ず感想をお互いに出してくださいと言ったら、ほぼ全員出したのですね。その感想はお互いに褒め合ってなかなか本音が出ないというのが、退職する年の状況でした。後に大学院で研究して腑に落ちたことは、鳴門教育大の吉崎静夫先生の授業についての組み立てで、教科の知識、指導方法、生徒の状況の三つの円を重ね合わせて、その三つが重なったところで授業ができたらよいのではないか、ということでした。高校では自分の教科の専門性を重視するあまり、意に介せなかったというところがあって、目の前の生徒をしっかり捉えないといけないな、というのが腑に落ちたことでした。先ほど横須賀先生が、体系化が先か、実践の中で体系化を目指していくのか、と言われたように、本当に授業の難しさを感じました。

横須賀：だけどそうは言っても、授業って現実に行われている仕事ではありませんか。実験室の話ではないからね。今の大学の仕事で近所の高校を回っていたら、たまたま授業を見る機会があって、驚きましたね。昔、私たちが高校生で受けた授業とあまり変わらない。歴史の授業だけれど一方的に説明していて、時々「ここ出るぞ」（笑）。幽霊じゃない（大笑）。おれは何のためにこの人生を送ってきたのだろうか。つくづく思ってしまいましたね。

フロア：授業をお互いに見ましょうと言ってもやらないもので、いくつかの学校を調査したのですが、どこの学校でも同じようでした。

横須賀：私の見たことは、その学校が授業を公開していたのです。それでも、そういう学校は良心的な学校なのでしょうと思いました。

司会：それでは、最後のコメントをいただきたいと思います。

横須賀：私は斎藤喜博とともにいて、最後は「死に水」をとった仲なので、教授学研究の会を一〇年以上は延命させた。これは別に歴史に残る仕事でもないが、今見ていたような指導を私も別の学校で私なりにやってみると、子どもたちはものすごく喜ぶし、教師がものすごく成長するのですね。教育の原点に帰る。表現活動よりも教科の授業の指導の方に、どちらかというと力が入ったのですが、授業がそれで良くなる。斎藤喜博とずっと付き合ってきたことで、授業を見る目が非常に肥えたし、現場の教師が授業中に質問して、ハイハイと手を挙げる子も居れば、じっとしている子も居る。どうして気にならないのだろうか、ということが見えるようになった。いわゆる「教育学者」だけやっていたら、この世界を十分知ることがなかったし、人生面白かったなと思っています。でも、もう教育学者の優等生たちはこんなことを絶対やらないのだろうな、ということをよくわかるから、この先、教育学はどうなるのだろうか。結局、横のものを縦にするだけになってしまうのではないか。教師教育つまり教員養成と現職教育を統合した教師教育というのは、こういう現場の実際の活動の中からしか出てこないのだと思うのだけれど。この先どうなるのか、心配だな、と思っています。どうぞ、皆さん方の研究は数少ない貴重なものになって来ているのではないか、と思いますので、頑張っていただきたい。

二〇一六年七月三〇日

湯山　厚

構成劇の誕生

【湯山《ゆやま》　厚《あつし》氏　プロフィール】

一九二四（大正一三）年、神奈川県に生まれる。米山要助氏三男。四歳の時に湯山家の養子となり湯山姓になる。二宮金次郎の遠縁にもあたる。南足柄小学校から県立小田原中学校を経て、神奈川師範（現横浜国立大学）へ進んだ。大学卒業後、松田小、川村小、南足柄小、湯河原小などで二五年間小学校教師を勤める。一九六四年には国際教育会の短期留学生として渡米し、コロンビア大学等で学ぶ。ＮＨＫ名作学校番組編成委員を務める。一九六九年一二月、退職後、卒業文集の印刷製本工場を営む。その傍ら、横浜国立大学、駒澤大学で非常勤講師として教鞭を執り、都留文科大学では七五歳まで講師を勤めた。「教える」ことのプロを追究した。「持っているものを押し付けるのではなく、どう生徒を惹きつけるかだね」が信条。二〇一七年一二月三日、九三歳で逝去（講演は一年前の二〇一六年七月三〇日である）。日本演劇連盟委員として活躍。

生い立ち――村、子ども、育ち

ただいまご紹介をいただきました湯山厚です。自己紹介をさせていただきますと、神奈川県の西部、小田原の在、昔は足柄上郡桜井村と言いました、二宮金次郎の誕生地で生まれました。生まれたのは大正一三年ですが、大勢の兄弟がいて教育が出来ないということで四歳の時に簡単に言えば「口減らし」の恰好で、たまたま子どもがいなかった叔母のところへ養子にやられたわけです。

学歴は省略し資料にも書いてありませんが、土地の小学校から神奈川県立第二中学校（その後小田原中学校、今の県立小田原高校）。小田原に閑院宮《かんいんのみや》の別邸がありまして春仁《はるひと》王殿下が学習院へ行かず小田原中学へ入学されました。そのような学校ですので卒業すれば進学するということになるのですが、私は陸上競技ばかりやっていて中距離ランナーだったので、受験勉強は何もしないものですからどこにも入れませんでした。教師にはなりたくなかったので師範学校へは行かず、伯父が東京農林学校（今の東京農工大学）の学長をやっていたので、野鳥の研究をしたいからといって、そこへ入学できるように一旦は決まっていたのです。ところが、養父母が「俺たちは年寄りだし、大学を卒業してお役人になって全国どこへ行ってしまうか分からないことになると、田畑を継ぐものがいなくなって困る」というので、いやいやながら当時の鎌倉師範に入ったわけです。その当時の師範学校は人気がなくて定員に満たなかったので、願書さえ出せば合格できました。その当時のことで覚えているのは、天皇のご学友でカニの研究では世界一の酒井恒《さかいつね》。彼は小田原中学や師範学校の先輩でもありますが、師範から高等師範そして文理大（旧制東京文理科大学）へ入って、今巡り巡って横浜国大の教授になった人もおりました。師範学校で勉強らしいことは二、三カ月でしたかね。戦時中ですからまともに先生らしい先生はあまりいなかったですし、授業らしい授業もやっておりません。それから間もなく、辻堂にあった関東特殊製鋼という工場に派遣されてしまった。師範学校に入ったので徴兵延期の措置でしたが、戦況が厳しくなってその措置も取り止めになり、本来なら甲府歩兵四九連隊に入隊しなくてはならなかったのですが、終戦となりそれも取り止めとなりました。

小学校の教師時代——コロとの出会いから「コロの物語」へ

戦時中の臨時措置で前年の一〇月に繰り上げ卒業となり、小田原市内の小学校の教師に就きましたが、家が農家で土日には百姓をやらなければならない。それで自宅に近い現在の南足柄市の小学校の教員となりました。南足柄というと金太郎で有名な足柄山の麓ですし、富士フィルムの工場があった町でした。そうはいっても小田原市から比べても郡部の地域ですから、勉強が出来る子どもたちがいないのですね。どうやって指導しようかという子どもたちが相手で、まともな教師ではなかったわけです。

教師になって何年目でしょうか、御殿場線と小田急線が交わる松田にあった松田小学校から声がかかって転勤しました。小学校には遠足、運動会、学芸会などの学校行事がありました。先生方は遠足や運動会などは誰でも指導が出来て負担にはならなかったのですが、困るのは学芸会でした。その頃は台本というものがなくて、成城学園とか玉川学園で出版されていた脚本集がありました。けれどそれらの学校の子弟は裕福な子どもたちなのですね。何も出来ない田舎の子どもたちに適した教材ではなかった。それでも毎年学芸会が近づくと先生方は、その出版されていた台本で指導するのですが、ぴったりこなかったのです。そのころ一クラス五〇人くらいいましたが、学芸会に出られるのは数人なのですね。選ばれた子どもだけなのです。しかも、名士の子どもを主役にしないと教育長から睨まれるようなこともあって、名士のお嬢様を王女様役にしなかったといって、他校に飛ばされたような教員もありました。子どもに聞いてみると全員出演したいというのですね。そうはいっても舞台に五〇人を乗せるだけでやっとの状態ですね。そのような台本はどこにもない。というので、それで私は「自分で書かなければいけないかなあ」と思っていました。

野良犬「コロ」との出会い

ちょうどその頃、クラスの子どもが野良犬を拾って登校して来ました。子どもの家で飼いたいと言うと「家にはもう一匹いるからダメだ」などと次々断られたので、学校でみんなで飼おうというのですね。そんなこと出来っこないわけですが、子どもに「校長先生の許しを得なさい」と言いましたが、校長が何というか気にはなりました。その時の校長は田中俊郎と言う人で、昭和四年神奈川師範卒業。いわゆる進歩的教師が沢山出た年でした。同級生には増田貫一とか黒滝頼助。増田貫一は後に赤旗の編集長になる人で、黒滝頼助は黒滝力といってローマ字運動、かな文字会というのに入っていた。その時代は子どもにとって漢字を書くことは大変負担だったので、言語改革運動をやっていた。田中校長は特別に何ができるという校長ではなかったが、同級生にそのような連中がいたので理解はしてくれるのだろうと思った。そのことを知っていたので、子どもがおかしなことをやっても「良かろう」と校長が許してくれるだろうという見込みはあったのです。

たまたま松田の町に朝日新聞の支局があって、毎日、支局長の山口さんが校長室へ遊びに来ていた。それで子どもたちが犬を飼う、飼わないという騒ぎを朝日新聞に記事にしてくれたのです。幸いにその記事を隣町の南足柄市の人が見て学校に来て「その犬をもらいたい」というので貰われていった。子どもたちはコロという名前をつけていたのですが、「今、コロはどうしているんだろうな」「可愛がられているのかな」と「会いに行こう」ということになり、豆腐屋さんでオカラを買ったり、コロの好きないろいろなものを買ったりしながらその犬に会いに行く、というところで幕となる。

「コロ物語」の始まり

たまたま、学芸会シーズンだったので、子どもたちは自分たちで劇を作りたい、ということになり、自分たちの拾ってきた子犬のコロのことを劇にしよう、ということになった。子どもたちが台本を書くと言うので、出来っこないと思いましたが、やらせてみようと思いました。結局まとまらず学芸会まで日が迫っていて「先生何とかしてくれよ」ということになり、「仕方がない。先生が書いてやろう。」と承知しました。題名は決まったが、僕が台本を書くといっても勝手に書くのではなくて、子どもたちに「コロについて皆が考えていることやコロと関わったことを作文に書きなさい。」といいました。子どもたちにコロのことをいろいろ作文に書かせて、それを材料にしてでっち上げたのが「コロの物語」です。

「コロの物語」を構成劇と名付ける

そのころラジオドラマで作者は筒井敬介さんだったか、同名の「コロの物語」をやっていましたので、子どもたちが提案したのです。どのような台本にするのか悩んでいましたが、その頃玉川学園あたりから出されていた「呼びかけ劇（シュプレヒコール）」という形で作ろうと考えました。子どもたちの日記を参考にしたり、詩を参考にしたり、子どもたちの寸劇に目を通したりして一応作品を仕上げました。従って大して珍しい作品ではありませんが、中味に日記があったり詩があったり寸劇があったりしたので、「構成劇」と名づけたわけです。

さて、取り組んでみていると子どもたちは、「自分たちのことを、自分たちで書いたんだ」という気持ちがあるので、熱の入れ方が違うのですね。それまで国語や算数の授業ではあまり成績のよくない子どもたちが、挙手をして発言するようになり、教室が活性化してくるのがわかりました。その当時、「演劇教育連盟」（当初は学校演劇研究会）の冨田博之に自分の台本や実践記録を送りましたら『演劇と教育』という機関誌にそれが掲載され、さらに当時発行部数が多かった東京書籍発行の小学校の教科書『新しい国語』に載せてくれたのです。そういうことでその作品が全国に行き渡るようになった次第です。

子どものベクトルと大人のベクトルは違っていて、台詞ばかりでは退屈してしまうのですね。踊り三部に歌七部と言われるように、中で音楽を入れないと子どもの劇は成り立たないのですね。そこで子どもの作品からヒントを得て、私なりに変えて作曲したわけです。私の曲ですから完全ではないので、そこは音楽の専科の先生に添削してもらったり、左手の伴奏曲等も付けてもらったりして、一応このような作品に仕上がりました。

私はそれ以来小学校の教師を辞めるまで十数本の台本を書いていますが、一番記憶にあるのはやはり「コロの物語」だけです。現在では何をしているのかというと、現場を離れてしまえば劇をやることはできませんし、止むを得ず師範学校時代に学んだ第二芸術の「歌作り」になって、横浜で月例会のような形で持たれている例会には下手な短歌をもって参加しています。

誠にまとまりの無い話になりましたが、以上で私の話は終わります。（拍手）

司会：湯山先生は教員生活を何年やられたのでしょうか。

湯山：途中で辞めていますが、友人が富士フィルムの下請けの中小企業を経営していて、不振で困っているというので、そこの社長を三年ほどやりました。それは全く無駄ではなく、世間を知るうえで参考になりました。

フロア：大変興味深いお話をありがとうございました。先生の当時の学校の規模、それからこの構成劇は台詞あり、音楽ありのミュージカルのようなものだと思ったのですが、クラスの子どもたちが何人くらいいましたか。

湯山：三五名です。ですから子ども全員を舞台に乗せることは難しくなかったのです。

フロア：そうしますと、先生のクラス以外にも同学年で他にクラスもあったのですね。全校で学芸会が実施されて、他のクラスや学年でも演劇で発表されたのですか。

湯山：他のクラスも、演劇ですが、先程申しました通り成城や玉川学園の台本でやっていたのです。やはり、子どもたちの意見を聞きながら教師が台本を書くなどはそんなに多くはなかったと思います。そういう点を面白がって『演劇と教育』に載せてくれたのではないかと思います。

フロア：先生は自分のクラスを指導されただけですよね。そうしますとすべてのクラスは、それぞれの担任が工夫し、子どもたちを掌握し、学芸会に参加させたという形なのでしょうか。

湯山：一般にはクラスの出来事を台本化するというのは、例が少なかったのではないかと思います。

フロア：今でいうミュージカルのようなものではありませんか。他のクラスは、いわゆる芝居というような台詞だけでお話を流すようなものが主流だったのではないかと思われるのですが、その中で音楽を取り入れて劇を作られようと考えられたきっかけのようなものはあるのですか。

湯山：私は子どもに演劇を教えると言っても、役者を養成するためにやったわけではないのです。子どもというのは人に見られるだけで体が動けなくなってしまうのですね。それですので、私のねらいは自分の体を思うがままに操れるようにしていく、ということです。それから台詞を書くときに気を付けた点は長い台詞が必要でも短い台詞にして、舌を噛むような発音し難い語彙は使わない点に気をつけたことです。

フロア：子どもたちから練習で「ここはこう言いたい」とか「こんな風にしよう」とか話し合いがありましたか。

湯山：はい。むしろそちらの方が僕としては面白かった。学芸会が終わっても隣の組の子どもが「コロの物語」の歌を歌っているのです。そういう変化はありました。

フロア：日本演劇連盟の事務局長をしております大垣と申します。

私は「コロの物語」のお話を本でしか読んだことがありませんので、本当に子ども主体に劇を作られたこと、それから子どものやりたいことをやって台詞を拾い上げて行く作業は大変だと思いますが、子どもが生き生きとして演ずるのはそれが一番だと、今も思っています。演劇教育の精神は今も変わっていません。そのことを是非お伝えしたいと思いました。日本演劇連盟は来年、八〇周年を迎えます。この後も湯山先生にいろいろ教えていただくこともございますので、どうぞよろしくお願い致します。

当時学芸会があって劇をやることはあったのですが、今は学芸会そのものがどんどんなくなってきていて、子どもたちが劇をやることも少なくなってきています。当時は鑑賞、劇を見る活動はどうなっていましたか。

湯山：補足しますと、普通、国語の時間では、教師がざっと読んだ後、少しずつ区切って指導するのですが、私はいきなり朗読に入ってしまったような記憶があります。

フロア：その時代、子どもたちが演劇を見るというのは頻繁にあったのでしょうか。

湯山：いや、ありません。学芸会があるから仕方なしに演劇をやっているという状況でした。私もそういう教師の一人でしたが、たまたまクラスで起こった出来事に教師が手を貸しながら台本を作り上げたというのが珍しい例だったのではないかと思います。

司会：そうしますと脚本と同時に演出もやって行かれたのですか。

湯山：子どもたちは勝手にやっているのですね。そこにチョイチョイと口を出す程度で、劇団がやっているような読み合わせや立ち稽古があって、というのとまったく違います。

フロア：今、子どもたちが自己否定される状況がやたらと多いように感じているのですが、そういう中で子どもが自分で作る学芸会をやっておられたのですが、自己肯定感を作る場としての感想は如何ですか。

司会：演劇をやることによって自分に自信を持っていけるということですね。

フロア：演劇の練習をしながら、子どもたちが自分にも出来るという喜びなどが生まれると思いますか。

湯山：そう思います。演劇をやらないよりはやった方がよい。学芸会の成果はそのようなことだと思います。それと、国語の朗読が生き生きとして来ますね。朗読というと句読点でちょっと休んで、読点でもう少し休む、などという指導をしますが、私は余りやらずに呼吸の仕方など朗読を生理的側面から指導するようにしました。たとえば、句読点では息を止める、呼吸が足りなかったら吸い直す。読点では息を吐いて吸い直す。その間に、つぎを黙読する。というように朗読の仕方が随分変わったのではないかと思います。

フロア：湯山先生には大学時代にお会いしている者です。学生時代に民間教育についての勉強をさせてもらう時に、講師の一人としてお願いしました。神奈川県の中では民間教育の先駆者として草分けとして頑張ってくださったのです。今演劇のお話だったのですが、その背景には戦後の生活単元学習の流れがある。お話ではかなり孤立無援の中で実践されていたような印象ですが、そのような流れがかなり変わろうとしている時期だろうと思います。余談ですが、私の住まいは御殿場なので御殿場線で通えるのですが、その列車の中で湯山先生のお話がかなり出るのです。「湯山先生に教わっているから、うちの子どもたちは良くなってね。すごいんです」と。演劇教育だけではなくて教育全般が豊かな内容を持ったものだったのだろうと思いますが、そういう背景のようなことをもう少しお話いただけるとありがたいのですが。

湯山：私は小学校の教師ですから、国語ばかり教えていたわけではありません。その頃、社会科という教科の指導方法が分からなかったのですね。それで、社会科は教室で教科書を読むような教科ではないのだと、子どもを外へ連れ出す。すぐ傍を酒匂川《さかわがわ》が流れていたので子どもと魚を追いかけながら「洪水の時はこの堤防はどのような働きをしたのかな」と指導をしました。フィールドワークですね。私は国語科の教師以前に社会科の教師だったと思います。

フロア：生活単元の時代だったのですが、ある時、先生がお辞めになってしまったのです。噂によると、湯山先生は教師だけでは終わらずに教頭、校長、あわよくば教育長になるお方だと言われていたのですが、それが突如辞められたのですが、それはどのようなことがあったのですか。

湯山：私は、師範学校時代に歌人の吉原俊雄から歌の手ほどきを受けたということで、一〇年ほどはもっぱら歌人だったのですよね。足柄上郡で教師をしておりましたが、日本文学協会という左翼系の国文学のサークルで、井原西鶴や近松門左衛門など近世文学を中心に勉強していたのです。そのようなことを小学校教師では出来ませんので作文教育をやるということで過ごしていたのです。辞めた経緯は、次に来た校長があまり僕を快く思っていなかったので、他校に飛ばされたのです。飛ばされた学校に、そのころ「蒼穹」という短歌誌がありその歌人が穂坂正夫で校長でした。「おれは校長を辞めるから、お前にこの学校を呉れてやるから校長をやれ」と言われたのですが、校長になると教育委員会に直接管理されてしまい、子どもに教えるという楽しみがなくなるので、校長に「辞める」といって辞めてしまったのです。その時に下請け企業を助けてくれ、というので三年間ほど、中小企業の社長になるのです。私は金もうけが旨いと見えまして、会社が軌道に乗ったんで、非常によく働いてくれた専務に会社をくれてやり、自分は横浜国大、駒澤大学、などの非常勤講師で渡り歩いているうちに、関口安義という芥川龍之介の研究家が、都留文科大学へ引っ張って行ってくれました。学長は、大田堯です。そういう点で人物には恵まれていました。

司会：ちょうど先生が辞められたころには民間教育団体の運動が盛んな時期でして、水道方式や明治以降の日本語教育が広まったり、ある種科学的に教えていったりという時期ではあったのです。そういう時に湯山先生が一年生を初めて担任をされたのですが、新入生の最初の教え方をどのようにしたらよいかという入門期の国語はどのようにされたのですか。

湯山：入門期の国語教科書は絵が出て来てなかなか字が出てこないのですね。ところが、子どもは幼稚園で字を教わっているのです。それで子どもは国語の時間に飽きてしまう。そこで、教科書をみたらパッと文章が出てくるような教科書を作ろう、と副読本を作るのです。とにかく短くて面白い文章をということで参考にしたのは、トルストイが農奴の子どもたち向けに私塾を開いた時に使った教材やウシンスキーなどの教材でした。「いぬとさるがけんかをしました。いぬもさるもりょうほうともないてしまいました。」というような作品を書いたのを覚えています。それから、トルストイからヒントを得まして、「おばあさんのおけはふるいおけでした。おばあさんが水をくんできましたが、水はいってきもありませんでした。」中に何があるかなど、いわゆる読解指導をする必要がない。自然と長い文章に取り組めるように自分なりに副読本を作った記憶はあります。

僕の友人で播磨晃一《こういつ》という人がいました。早稲田出身のエスペランシストでローマ字教育などをしたのですが、僕の作品を読んで「湯山さんの作品は全体的にトーンがある」と言ってくれました。

司会：私も子どもが小学校の卒業式で、コールとソロが入っているような構成劇を見たことがございまして、その時に聴いている親は涙ぐんでいる人もいましたが、私には何か別のような感じがしました。子どもたちが行事でやらされている、という雰囲気があった気がいたしました。先生のお話では構成劇の終わった後も子どもたちが感激していたとのことですが。

湯山：卒業式はどこでも型どおりなんですね。挨拶が長々と続き、ようやく校長の挨拶があるという風に。それを出来るだけ変えたいと校長に言いましたら、物わかりのよい校長で「一つやってみろ」というので、各方面に気を使いながら台本を作ってみたのです。意外と評判が良くてね。校長がいろいろな学校で自慢をしていました。その頃、神奈川県での演劇教育は川崎が中心だったのですが、そこへ飛び火をして、いわゆる「構成劇」が普及するのです。卒業式の形がガラっと変わったということは言えます。

司会：湯山先生、どうもありがとうございました。

■主な著書
『学級づくりの仕事』明治図書、一九五九年
『わが子に強くなりたい親へ』明治図書、一九六二年　編著
『国語の授業』国土社、一九六三年、　共著
『生きている民話』牧書店、一九七〇年
『構成劇のつくり方』晩成書房、一九八五年

【解　題】

安達　昇

湯山が九二歳の春に講演依頼をした。その時、湯山は高齢にもかかわらず話したいことが沢山あると二つ返事で引き受けてくれた。講演会当日は夏の暑いときで、湯山の健康が心配だったがそんなことを気にするそぶりを見せなかった。

湯山の歩みをたどる。教師になった時期は敗戦後で、新しい教育の黎明期であった。湯山は神奈川県の小田原に近い足柄、山北で二五年に及ぶ教師生活を続けるが、戦前の軍国主義が色濃く残る地域での教師生活は困難なものがあった。その中で子どもに寄り添い、子どもとともに学級づくりを進めていく。当時、学級担任にとって学芸会の指導は負担であった。子どもたちは全員で参加し台詞を言いたい。その願いを受け止めた湯山は子どもの作文や学級日誌を参考に劇の脚本を書くようになる。今まではない全員が参加し体を動かし表現する学級劇を完成するのである。そして「構成劇」と名づける。その作品は徐々に注目を浴びることになり、「コロの物語」は教科書にも採用され、やがて全国の小学校でも学

芸会に作品が上演されるようになった。湯山はいつのまにか学校劇の先生と呼ばれるようになる。また『ツメなし猫なんかこわくない』は、劇団や学校劇などで現在でも上演されている。教師のプロは「持っているものを押し付けるのではなく、どう生徒を惹きつけるかだ」と湯山は述べている。

湯山は教師を退職した後、会社を興し、また多くの大学で自らの教育実践を語り七五歳まで講師を続けるのである。それ以外にも、ふるさとの民話や伝説の収集・研究、短歌を詠んでいる。湯山は晩年二〇歳頃から始めていた短歌をまとめ一九九六年に歌詩抄「籠居抄」を二〇一三年に『籠居集　補遺』を出版した。

湯山の長男、澄夫氏は今回の講演記録を読んで「私ども家族が信じていた、戦う先生ぶりが少し照れながら自らを語る父の言葉、なんともダンディズムを感じました」と感想を述べている。

二〇一六年七月三〇日

武藤　啓司

同和教育との出会い――フリースクール楠の木学園へ――

【武藤啓司《むとうけいじ》氏　プロフィール】

一九三五年、静岡県生まれ。高校卒業後は実家の魚屋を手伝っていたが父親と衝突し、家を飛び出し友人の下宿先から予備校に通い、一九四八年、横浜国立大学を卒業。幼少期に戦後の民主主義の影響を受けた経験から教師の道をめざし川崎市、東京都の小学校教員になる。教職員組合の運動に積極的に関わる。都教組大田支部の教文部長を務める。部落解放同盟の大会の後、同和教育運動と出会い、「子どもと向き合いそこから学ぶ」ことを教えられる。兵庫、大阪の同和教育実践との交流が始まる。全国同和教育研究協議会の「言語認識」部会の専門委員となり司会を務める。部落問題や同和教育と学ぶ中で、宮城教育大学元学長の林竹二と出会い授業について学ぶ。教師生活三七年、「常に子どもと同じ目線で」をモットーに教育実践を続けた。退職後、加藤彰彦（野本三吉）から学校の立ち上げに声をかけられフリースクール「楠の木学園」の設立にかかわる。

一九九五年、フリースクール「楠の木学園」講師、学園長、二〇一一年から二〇一八年まで「NPO法人楠の木学園」の理事長、二〇一五年　文部科学省の「フリースクールに関する検討会議」委員。

当時の社会情勢——組合運動へ

今、お話しいただいた湯山先生とはちょうど十歳違いです。一九四八年に大学を卒業して川崎市の教員になりました。教員になった時は勤務評定が強行されるという年で、その前後が戦後史の大転換というか、警察予備隊から自衛隊に代わって、要するにアメリカが後ろ盾のある状態になっていく。それまでの自由な教育から愛国心や国家主義という教員に対する統制が出てくる。その中心になったのは勤務評定でしょうが、僕らが教員になって勤務評定反対闘争があり、四月に採用なのに六月か七月に、ある組合の定期大会に代議員として立候補して代議員となり反対のアジ演説をやるという、今では想像も出来ないことをやってきました。それでも勤務評定が強行されてしまい、神奈川の場合は神奈川方式という自己評価の方式で妥協案の形ですり抜ける結果となりました。そういう敗北感の中で一九六〇年安保があると、それに半ば命をかける闘争をしたのですが、それも見事に負けてしまいました。どうやって生きていこうか、自爆か革命かと気持ちのうえでも先鋭化して、学生運動としては盛り上がっていくのですが、労働運動としてはほとんど衰退していく状況になっていきました。展望が無くなっていく時代でした。

そんな中で教師であることの意義の虚しさというのが強く、当時仲間から出てきた言葉として「教育実践無用論」がありました。教師という存在は労働商品を作っている、権力が要求するマンパワーづくりの要請に応える存在でしかないのではないか……。そんなカオス的な意識の状況から腰を入れて教育実践をやるというのではなく、街頭に出て行ってベトナム反戦闘争等に参加するという闘い方ともう一度教育の現場での自己の在り方を問い直していこうとするものと分岐していく。我々の仲間の中心的な存在であった村田栄一が、反戦闘争で逮捕されたりする教員たちを支援しながら「ガリバー」や「このゆびとまれ」などの実践を、模索していました。

そういう中で僕はというと、組合運動にずっと係わって、あまり本腰を入れて教室で子どもたちに実践するというよりは、「村田が学級通信など、教室の現場での実践を本気でやっている。おれもそれなりのことをしなくちゃ」などと考えながら、でも重点は組合運動をどう再建していくか、日教組を何とか支えようというところで活動していたんですね。

反差別闘争にかかわる

当時の全体的な動きの一つとして、反差別闘争が起こってくるんですね。障がい者差別反対闘争とか、あるいは部落解放運動とか、在日朝鮮人の諸権利をめぐる闘いなどに、先鋭化した活動家たちが参画していく。近年「津久井やまゆり園」事件が衝撃を与えていますが、当時も父親が脳性マヒの息子を殺してしまう問題が一九七六年に起こった。その前に一九六七年くらいにやはり父親が息子を殺してしまう。一九七六年は横浜で起こった事件ですよね。そのようなこともあった。その当時、「事件を起こした父親が可哀想だから刑を軽減して」という嘆願書の署名の運動が行われた。それに対して脳性マヒ者を中心とした人たち（「青い芝の会」の人たち）が、猛烈に怒りの声を挙げたのでした。「俺たちの存在は迷惑な存在なのか、殺されてもよい存在なのか」と憤った。その後、車いすでバスに乗ろうとしたら乗車を拒否されたということもあって、障がい者に対する差別というものの深刻さが浮き彫りになった。そうした抗議を受けて障がい者でも普通に生活できるような権利を保障しなければいけないという運動が起こってくる。また部落解放運動が全国的に活発になってくる。結婚や就職差別などいろいろな差別が特に西日本を中心に露骨に行われている。東京や関東圏は部落差別などとは無縁だと言われていたけれど、実は狭山事件は部落への偏見と差別意識に基づくものだということが明らかになされて来て、また、東京でもと場や皮革産業に携わる人たちへの差別は根深く深刻であること、さらに調べてみると、多くの企業や公務員の採用試験の面接の段階で出身地を聞かれたり、すでに事前に身元調査が行われていたり面接以前に排除されているなどの実態が明らかになってきた。同じような問題は在日朝鮮人に対しても行われていた。そういう闘いに関わっていったのでした。

部落問題――全国同和教育研究協議会との出会い

レジュメの二番目にあるように、一九七五年と記憶しているが、部落解放同盟が全国大会を東京の大田区の会館で開いたことがありました。会場整理を大田区の教員組合が請け負ったのですが、大会が終わってから、大会に参加していた他県の教員から大田区の教員とで話をしたいと呼びとめられ付き合わされたんですね。そこに十人くらいの兵庫の教員が残っており、我々も十人くらいが残っていて、お互いのお疲れさんでしたという慰労会だと思っていたのですが、きちんと正座した感じで、膝詰めで「一体、東京の教師は何をやっているのか」という話になるのですね。兵庫の教員が順番に自己紹介をするのですが、一般的な「どこどこの教員です」という話ではなくて、「自分は今クラスにこういう子どもを抱えていて、このような子どもと付き合っている。その子の家庭はどんな状況になっているか、あるいは母子ともにこんな状況に立たされている。教師としてはどんなことをしている、また今その子がどんな風に変わろうとしているのか」などそれぞれ具体的に縷々一〇分から一五分ほども話されるのです。兵庫県の人たちの話が終わって、「東京の方も自己紹介をしてください」と言われたのですが、東京の教員でそういう話が出来る者は私を含めて一人もいなかったのです。自分のクラスにどんな子がいて、その子がどんな問題に困っていたり、辛い思いをしたりしているかという話の出来る教員がいなかったことに私自身愕然とし、シャッポ〔帽子〕を脱ぐ思いをさせられたのですね。そこで、改めてしっかりしろとお尻を叩かれたのです。さらに「きっとこんな風に部落の問題を抱えた教師たちが、東京の先生たちに部落差別や朝鮮人差別と向き合った教育実践をして欲しいと要望すると、それじゃあもっと部落問題や朝鮮人問題などの勉強をしなければと思って、きっと明日から本屋に行って関係の本を買い込むのじゃないですか。そんなことはしなくていいです。とにかく自分のクラスにいるしんどいと思う子どもときちんと付き合い、その子とその子の家庭とも付き合うことをやってみてください。」と懇々と言われたのです。最後に「真人間になれ」と。当時はセクトの問題とか運動論の問題とか、そういうイデオロギーの問題で自分を鎧って構えていた。それを一度すべて捨てて、文字通り素の人間として、自分の目の前にいる子どもがしんどい思いをしていたら、普通の人間としてどうするか、ということを考えて子どもたちと付き合ってみろ、と言われたのでした。なにか誓約みたいな感じで、「やるだけやってみましょう」ということになったのです。

さらに当時あった「全国同和教育協議会」（今は「全国人権・同和教育協議会」というように名前は変わりましたが）に東京は加盟していませんでしたが、東京にもそこに加盟するような組織を作って全同教に加盟して、先進地域に学びながら東京に運動を作ったらどうか、と言われたのです。そういうことがあって全同教に関わりました。その次の年あたりから、全同教には認識別分散会があり、国語系だったら言語認識部会、理数系だったら自然科学認識部会というようにあったわけですが、その中で言語認識部会の司会者を七年ほどやりました。差別を受けている子どもたちがどのような認識を持って生きて行かねばならないか、教師の言語認識というか言語観が厳しく問われました。当初、部落の子どもたちは正しい共通語が話せないというような次元の論議が多かった。そうした論議に対して言語には正しい言語とか価値のある言語などというあり方があるのか、というようなことからもう一回考えあっていかなければならないのではないか。資料に書きましたが、「子どもに言語を覚えさせること」「子どもに語彙を増やさせ、理解力、表現力をつけさせてやること」が教師の仕事だとの思い込みが多数派の中にあって、「ことばにならない子どものことばを読みとり、それを受ける止めること。またムラのことば、その土地で生きた人の発することばの重みや真実をこそ受け止めること。また、在日二世・三世の子どもたちに日本語だけを唯一の言葉として教え込むことは、彼らの母語を奪うことではないかなど、それぞれの子どもの存在、アイデンティティにかかわっての議論が交わされました。そうした質の高い深め合いを全同教大会の中で共通課題とするためにそれなりの努力を重ねたつもりです。

林竹二先生と出会う

そんな部落問題や同和教育と触れ合う中で、実は改めて林竹二先生と出会うことになったのです。林竹二先生は皆さんどのくらいご存じかわかりませんが、宮城教育大学の学長をされていて、全国いろいろなところで授業行脚をされていることで有名でした。当時は斎藤喜博さんらと一緒に授業研究会を作って、授業による教育の役割を見直すことを訴えておられました。その林竹二先生が神戸の湊川高校の授業に参加されて、先生ご自身が大きな衝撃を受けられた。その様子を間近で見ることが出来たのですが、資料にあるように、林先生は日本の各地に授業をして歩かれたのですが、「私は、はじめて、かつて湊川に日本の学校教育を根本から問いなおす、あるいは『紏す《ただ》』驚くべき教育実践のあったことを知った」「私は湊川で初めて社会的上昇の志向や利害の打算をはなれて学ぶことを求めている、そして学ぶことに堪える生徒にめぐりあった思いがある。」「学ぶことに存在が安易なよりよい生活などではなくて、人間であること、人間であり続けることの可能性がかかっている生徒たち」と出会ったというのですね。「私は私の授業経験から教師にたいして『心を開く』ということに、教育の可能性がかかっていると思うようになっている。」「私は教育にしんどい生活を余儀なくされている生徒たちを見ていると、義務教育学校の教育から切り捨てられることの無残さをまざまざと見る思いがする。彼らは教育から切り捨てられたことによって、かたく自分を閉ざしてしてしまったと思わざるを得ない。人生の中で仮死状態にあった彼らが湊川の教育の中で息を吹き返して、そこに授業という一つのきっかけがあって、急激に、あるいは徐々に、彼らは自己を解き放ちはじめた。授業がここではまさしく解放する力になった。」というようなことを『教育の再生をもとめて』（筑摩書房、一九七七年）という本にまとめられています。林竹二先生にとって、今まで自分がやってきたことをもう一度ふりかえり、その中で斎藤喜博さんなどの授業の在り方と決別する。斎藤喜博さんの授業は技術主義的というか、ある種の指導方法の完璧さを求め、生徒との間の対話や交流をせずに、たとえばきちんと跳び箱を飛べるようになるためにはどういったところをどう指導すればよいか、というような技術的な面だけに問題が絞られている。子どもたちが求めているのはそういうことではなくて、もっと存在として自分の生きるありようとして、どういう風に生きて行ったらよいか、どういうことを学ぶことが自分にとって意味があることなのかということに応えてはいないのではないか、というような問いかけをずっとするようになっていたのでした。林先生の授業によって生徒に大きな変容がみられる。そのことについて「林先生だから出来る授業なんだ」と言われることがあるのですが、そういうことではなくて、子どもたちが本当に求めていることに応えるような授業とは何かを考えて欲しい、ということを林先生から言われていたのです。

その中で、林先生の実践のウエイトはだんだんと東京に移ってくるのですね。東京は運動としては微弱なんですが、その中で南葛飾高校（定）が独自の解放教育、同和教育の実践を積み上げていました。そこは皮革産業の中心地に近接しており、その仕事に関係のある子どもたちが、または在日朝鮮人の子どもたちが、林先生が神戸で出会った若者たちと同じような「教育から切り捨てられることの無残さ」「教育から切り捨てられたことによって、かたく自分を閉ざしてしまったと思わざるを得ない」若者たちが存在していたのでした。南葛飾高校の教師たちは湊川高校をはじめとする神戸の教師たちの実践に学び、学校に背を向け、反抗的な生き方で身を固めている若者たちを、もう一度学校に呼び戻し、彼・彼女たちの人生の生き直しに、教師としての全身を傾けた取組みが行われているところです。

林竹二先生は最晩年をそこの教師たちを支援するかたちで生徒たちに向けての授業に費やしてくれました。そこで授業に我々も時々参加させてもらいました。林先生だけではなくて竹内敏晴先生もよく来て、生徒たちと一緒に演劇などを通して、声を出すことが自分を解き放っていくこと、体を動かすことで心が開かれていく、自分の殻を破って本来の自分を取り戻していくことなど、いろいろな形で竹内さんも援助してくれました。その影響を受けて僕なども自分のクラスで何かやらなくてはいけないと思った。

地域で重なり合うこと

当時、僕が勤めていたのは東京の羽田の地域です。この間の上村君という川崎で少年たちに殺された中学生がいますが、その対岸です。地域性はそっくりな土地です。川の両岸どちらであのような事件が起こっても不思議ではない地域。僕が勤めていたところは在日朝鮮人も多く、大師橋の下あたりにもそのような人たちが住んでいた。今はすっかりきれいになっていますが……。それで在日の血縁関係の人が何人かいました。ある時そんな中の一人の女子生徒の祖母が在日一世ということを知りました。ゆとり教育の時代です。年に一度学校全体での「自由な時間」という時間というものがありました。子どもたちがその時間に好きなことを企画し、それぞれにパフォーマンスや展示などができるのです。大体がクラス単位で、お化け屋敷や迷路、紙芝居、合奏、合唱などいろいろな企画を立てて勝手なことをやるんです。その企画に便乗して、在日朝鮮人を紹介するコーナーというのを作ったらどうか、同じ同胞同士が校内で自分の出自を名乗れず、少数派として小さくなっている。そういう子どもたちを勇気づけるものとして、朝鮮文化の特徴や身近さを知ってもらう機会にできないか、と僕のクラスの先程の女の子に提案をした。彼女は意欲的な子で大いに乗り気になってくれました。ところが、その晩お母さんから激怒の電話がかかって来ました。「先生！なんていうことをしてくれたんです。あなたは同和教育かなにかをやっているか知らないが、他人の戸籍を暴くようなことをよくぞしてくれましたね」と。まずは保護者の了解もなしに勝手なことをしてしまったことを必死に謝りました。でも、ここで謝りっぱなしというのはよくない。なぜそういうことをやるのかと、自分がやることの意義だけをきちんと話さなければならないと思って、「自分の出自を隠して生きて行くというのは、子どもの将来に決して幸せに繋がるとは思えない。だからどこかできちんと名乗り出て、別に悪いことをしているわけではないのだから、自分のそういう生き方に胸を張って生きられるような人になってもらいたいと思うから、そういう提案をしたんだ」というようなことを必死に言ったのですね。母親は、最初の勢いが薄れて「韓国や朝鮮人問題のコーナーというのではなく国際交流のコーナーとするのならよいのではないか」と妥協案を出してくれて、「それでやらしてくれるのならやりましょう」と通したんですね。

それには後日談があって、その子の両親が離婚して福生の方に引っ越して、そっちで生活をするようになり、母親はいろいろな資格を取って頑張っていたんですね。ある時突然、英文の結婚案内状が来たのです。結婚した報告の挨拶かなとすぐには読まずに置いておいた。大分経ってから読み返したら、結婚式の招待状だったんですね。日がすぎてしまったので愕然として謝りの電話を入れたんです。その子が結婚したのはアラブ系の人なんですね。横田基地があってアメリカ人が多いところだからアメリカ人と結婚したのかと思っていたんですが、そうではなくて東南アジアの人と結婚したんです。母親から丁寧な手紙が来て「武藤先生とあの時あんなことがあったけれど、あの時のお陰で、うちの子が知らない国の人と結婚することになり、そのことを受け入れることが出来るようになりました」とありました。あそこで、ただ謝ってしまうのではなく、言っただけのことがあったのかなあと思っています。

羽田のあたりでの実践を『やさしさを学ぶということ』（御茶の水書房、一九八八年）という本に書きました。大田区は三つにわかれており、田園調布などの高級住宅地域、蒲田大森地域の商店街、それから羽田・糀谷・六郷地域の工場街。また町工場から見るとランクが三つになって、キヤノンや三菱重工がある下丸子は元請けの企業、その下に蒲田付近の下請け、羽田・糀谷付近は孫請けとなる。だんだんと下流にくるに従って下請けの単価が安くなる。そういうところですから不況の風が吹くと、真っ先につぶれてくるのは羽田・糀谷付近の町工場なんですね。そこで取り上げた子の父親は日本鋼管の旋盤工だったんですけれど、それなりに技術的に自信をつけたからといって、自立して下請けを始めたのですが、不況の嵐の中で潰れてしまう。不況になると奥さんが蒲田・大森・川崎などの繁華街で夜の仕事で稼ぐようになる。そこでもっといい男と知り合って蒸発してしまうパターンがしょっちゅう起こっていたんですね。この父親の会社も潰れてしまって仕事が無くなる。母親が夜の仕事に出て行って居なくなってしまうというパターンにはまってしまった。そうすると父親が荒れ狂い、息子に鬱憤をはらす。息子がひどい時には頭がこぶだらけで登校してきて「先生これ見てくれよ」と頭を差し出す。今だと「虐待」となるのでしょうが、当時は父親がそんなことをするのは当たり前の時代ですね。子どもは学校の中では荒れまくる。そういうような子どもについてどう関わるかということですが、彼が中心になってクラスをごちゃごちゃにしてしまう。そういう「崩壊クラス」を「武藤さん、このクラスを宜しく頼む」と任されたんですね。その後、当然トラブルは続出するものの、何とか子どもたちとは信頼関係が生まれてくるのですが、父親の方がむしろしんどい。父親は「どうせ俺は女房に逃げられるようなだらしのない男だから」とひがんでいるんです。ある時その子が「先生。泊まりに来てくれ」と言うんですね。「どうしたんだ」と聞くと「父親が夜、金属バットを抱えてドアのところに座って一晩中寝ないんだ。だから、僕も眠れないんだ」というのです。しょうがないから一晩付き合うことになったんです。そこで父親と話をすると、「俺はこのアパートで殺人事件が起こったのを見たんだ。だから、その犯人に追われていて、いつ自分も襲われるかわからないから、夜も寝られないんだ」とドアに鍵を三つも四つも掛けて、金属バットを抱えて寝ないでいる。次の朝「とにかく病院に行こう」と近所の精神科の病院に連れて行った。精神科医のお医者さんから、「薬をちゃんと飲まないから、こういうことになるんだ」と散々お説教されて薬をもらうのですが、結局入院することになるんです。その間に息子は別れた母親に会いに行ったりしながら生活を続ける、といったような付き合いをしました。その子との話を、この本『やさしさを学ぶということ』に書いてあります。遠藤豊さんが帯に推薦文を書いてくれました。推薦文は遠藤豊吉さんにとお願いしたのに編集者が豊さんと勘違いしてしまったのでした。

その中で彼の悩みは彼ひとりの悩みではなくて、お互いに羽田のあのような地域に生活していると、いつ起こっても不思議ではない。他にも似たようなケースの子どもたちが何人かいるわけですよね。サラ金に追われて家に帰ってみたら、家のドアや雨戸にいっぱい「どろぼう」とか「ここのおやじは借金を返さない」などと書きなぐられていたりして、自分の家に入れなくなったりする子がいたり、借金取りが夜遅くまで入口に立っていて、怖くて家に帰れない子がいたり、そういう状況をお互いに出し合って、そういう中でなおかつ生きてゆく、学んでいくことはどういうことなのか、を考えよう。とその子どもの苦しい生活を受け止め合うことが、優しさなのではないか。そういうことを共有して繋がりあい、支え合って行こう、というようなことを書いたものです。

その後、僕は隣りの学校に移るんですが、その地域は都営住宅が密集しているところで、前の学校より状況としてすごいんですね。虐待で夕飯を食わしてもらえない子どもがいて、そういう子どもを「お前は給食費も払わないで給食を食べるのか」といじめる奴がいた。その父親が酒飲んだ勢いで校長室に怒鳴り込んできて、ソファーの椅子を振り上げたり、また「こいつの教育は諦めている」と言い切る小指のない父親と話すこともある、というような学校でした。その中でいじめも当然起こってくる。後半は時代的にも社会的な問題になっていた「いじめ」の問題が中心になります。

『子どもの心と響き合う』（社会評論社、一九九〇年）という実践集を同じ大田区内で一緒に同和教育をやっていた榎本留美と共著で出させてもらいました。そこではいじめっ子だったけれどいじめられっ子になってしまう、という子どもとの付き合いについて書かせてもらいました。だいたい僕の役目は「荒れ狂ってどうしようもなくて手がつけられない子のいるクラスだが面倒見てやって」と言われて、担任になることが多かったのです。やはりいろいろしんどい問題を抱えている女の子や男の子がいる状況で、お互いにどんな生活実態の中で生きているのか、ということをまず理解し合えるような取組みをやりました。

今ではほとんど出来ない家庭訪問を、ことあることにしました。子どもが学校へ来ていなければすぐに出かけて行く。都営住宅のドアが閉まらないほど履物が溢れている。家族が三、四人なのに、脱ぎっぱなし。玄関から中に入ること自体が大変で、中に入ると部屋もすごいことになっている。店屋物のどんぶりや焼酎などの空き瓶などがいっぱい。奥に子どもが綿の無い布団にくるまっている。ふんづけたらそこに人が寝ていたという感じ。そんなところから付き合いを始める。まずはそんな生活現実に衝撃を受けることからスタートが始まる。最初は教員の訪問自体が拒否される。大きなお世話だと……。それでも足しげく通ううちにだんだんと心待ちされるようになり、最後には父親や兄弟がビール買って待っていてくれるという状況もありました。『子どもの心と響き合う』にはそのへんのことを書かせてもらいました。そんなようなことをやりながら定年を迎えたわけです。

楠の木学園への思い

本来ならば、同和教育をやっていたのでその延長で人生を全うしなくてはならないのでしょうが、退職最初の年は嘱託として東京都の職員研修所で働かしてもらっていました。折しも、東京都知事選挙の真最中、当時は鈴木という前都知事が続投するのだろうという大方の予想で、都庁も受け入れ体制を整えていた。東京万博を予定していて、今のお台場の辺りが新開発され、大都市計画になっていたのですが、都知事選の結果は思いもかけず青島幸男が都知事になってしまった。一瞬庁内は凍りついたような状態でした。それはそれで面白かったんですが、その時期に今日お見えになっておられる加藤彰彦さんが、横浜の僕の家の近くに楠の木学園というフリースクールが作られようとしている、それは、当時、社会的にはまだ知られていない「学習障がい児」（ＬＤ）という子どもたちのための学園を作ることになった、一般社会だけでなく教育界からも全く理解されておらず、「変な子」「親のしつけが不十分な子」などと親もバッシングを受けたり、子どももいじめられたり叱られたりして学校に行けなくなっている子どもたちがいて、そんな子どもたちのための学校を作りたいという運動があるので、時間があったら顔くらい出してやってくれ、というような誘いを受けたのです。

その時は「またもう一つ障がい者差別のような学校を作ってしまうのではないか」と疑問を投げかけたのですが、「そういうのではなくて、今の教育の在り方に問題があるのではないかと思って取り組もうとしている人たちだから、試しに覗いてみたら」と言われたんですね。退職後の再雇用だと週三日勤務になるんですね。だから一日くらいはそういうところへ顔を出してもいいだろう。やはり子どもから離れてしまうのは寂しいし、そういうところへ行ってみようか、というので顔を出すようになったのですね。

そこでの実践については『巣立ちへの伴走』（社会評論社、二〇〇一年）にまとめさせていただきました。そこでは非行や怠学などで学校から切り離されたというのではなくて、それなりに一生懸命勉強しようとしたのだけれど、学校には受け入れてもらえない子どもたち、今でいえば学級の秩序、進度のスピードについていけない子どもたちですね、じっと座っていられない子どもたち、あるいは勉強の仕方が普通の子どもたちとは違うとか、数字はすごく強いが字も読めないとか書けないとか。それはきっと親のしつけが良くないからとか、甘やかしているからではないかなど、子どもに則して考えてみるのではなくて、手のかかる子は邪魔、迷惑ということで排除の対象とされている子どもたち。そういう子どもたちが大勢いることを改めて知ったのですね。

楠の木学園に来る子どもの中に教師がいる教室に入れない子がいる、どうしてかと言うと「先生がいると一緒に教室に入ると先生は必ず何か質問する、先生の質問に対して自分は絶対に答えられない。だから、先生がいることは自分が恥をかく場面に立たされるに違いない、だから怖くて教室には行けない」という子どもたち。逆に先生がいない（大人の目が届かない）教室は子どもだけの野獣の教室で、必ずいじめなどが起こる。弱肉強食の、強い者が幅を利かして弱い者は酷い目にあうおそろしいところだ、というように二重に教室に入れない子がいる。まずは楠の木学園というのは安心出来るところ、先生と一緒に入っても別に恥をかかせることをしないし、子どもだけでいても、いじめっ子がいたりするようなことがない。そのような学園にしなければいけないのではないか。

ところでLD（学習障がい）というのは、国語なら読んだり書いたり聞いたりする力、数学だったら論理的な考えや推論など、そうした教科の学習のどこかに偏りがある、特にどこかに苦手な分野があることが「学習障がい」といわれるのですが、そんなきれいに仕分けられるような子はほとんど楠の木学園に表れないのです。すごく数字が強くて、電車の時刻表などは一回見れば全部覚えているとか、カレンダーがすべてわかってしまうなど、ある種の記憶がすごく強いけれど、普通のことをやらせようとするとまるでダメ。集中出来ないですぐ他のことに興味が移り、落ち着きの無い子など。そういう子どもたちをどのように考えたらよいのか。LDだけでなくADHD、アスペルガーという名前も伝わりだしている。「そういう名前を付けられました」というから、アメリカのDSMのマニュアルに当てはめてみるけれど、ぴったり当てはまる場合がほとんどない。それぞれに個性や特性、また二次障がいも絡んでいる。それで症状名で考えて対応しようというのではなくて、ともかくまるごとの人間として受け入れよう、どんな子であろうと紳士淑女として対応しようと確認し合いました。それぞれに個性があっていろいろな違いがあってよい。違いがあるから面白いんだ。というように考えています。それぞれの個性がわかっていれば、この子が立って教室を出て行くのは、もうすぐ電車が来る時間だからだ、とか。この子はこういう時にパニックを起こすのではないかな、とかある程度わかればそれに応じた対応なり受け入れ方が出来る。そういうことをできるだけ早くわかってその子にふさわしい対応を考える。

もう一つ大きな問題としては、「どうせ俺はだめなんだよ」と自他ともにしみ込んでしまっている否定的な自己評価の問題。だいたい学園に来る子どもたちは、小学校や中学校時代に散々、勉強もダメ、運動もダメ、話すことも苦手、何やってもダメと言われて来て、本人もそのことをしっかり頭の中に沁みこませている子どもたちです。そんな彼、彼女らに「それで良いんだよ」というように心底思ってもらえるような場となることをまず第一に据えていますが生きていくとき、いろいろな思いもかけない場面に出くわすとか、初めて何かをする時にどうしてよいのかわからないことが、いっぱいあると思うのですね。そういう時に「何とかなるさ」と思えること。

たとえば、電車の切符を買う時にとか、改札を通る時に定期券を失くしてしまってどうしてよいのかわからなくなって立ちすくんでしまう。喫茶店で注文を決めていないうちに注文を聞かれて、慌てふためいてパニックになってしまう。そういう思いがけない時でも一呼吸おいて「何とかなるさ」と思えるような力、自信といってよいのかわからないけれど、自分に対する信頼をまず持てるようになっていってほしいと思っています。

そうした力を培うことをめざして、最近はどこでも言われているありきたりのことですが、まずは長所を認めて伸ばしてあげることだと思います。しかし、親御さんと話していると「何が長所として認めてあげたらよいのかわからないのです」というのをよく聞きます。そんな時「まずはゼロから考えましょう。ゼロとは呼吸をしないということです。呼吸が出来たということから数えて、生きているということ、食事が出来るということ、少しでも言葉が話せるとか、笑顔ができるとか。そう考えていくと、この楠の木学園までたどり着いたということはすごいことではないか」というようなことを話します。最近は発達障がいへの理解が当たり前になって来ている。「発達障がい支援法」ができて十年になります。その法律ができて楠の木学園の存在意義が無くなったのではないか。学習障がいや発達障がいを知らない人たちが多かったから、ハジかれたり、いろいろ嫌な思いをして来たのだけれど、今は法律でも認められる時代になったのだから、わざわざ楠の木学園に高い授業料を払ってくることはないだろう、義務教育の中で面倒見てもらえる時代になったのではないかと思ったのですが、実は意外に楠の木学園までたどりつく子が多いんですね。発達障がいという言葉は広がっているのですが、実際に本人が生き難い発達障がいとはどういうものかがわからない。その半面で何か問題のあると思える子は発達障がいにしてしまい、それは専門家にお任せということになっているのではないか。ですから、発達障がいの中に学習障がいとかＡＤＨＤ、注意欠陥多動症、アスペルガー、自閉スペクトラム症などいろいろ名前がつけられているのですが、本当のところ実際になんだろうという問題が残っているんですね。要するにスペクトラムですから誰の中にも多かれ少なかれそういう問題を抱えているとか、特性があるだろうと思うのです。どこからどこまでを障がいと考えるか、生き難さと考えるか、むしろその社会が許容範囲をどの程度広げるか、ということと無関係ではないのだろう、と思うのですね。ですから楠の木学園で皆元気になっていってもらうということは当然なんですが、楠の木学園を出て行ってからも受け入れてもらえるようなインクルーシブな地域社会を作っていかなければならない、と考えています。

今日持ってきたのですが、発達障がい系の子どもたち、特に自閉症傾向の子どもたちは「コミュニケーションが苦手」で、人と付き合う、あるいは人が大勢いるところがダメ、人間という存在ほど変化の激しいものはないんで、それと付き合っていくのはしんどいことなんですね。ですので、できればそっと一人にしておいてもらった方が安心できる、落ち着いていられるという人もいますが、この社会に生きているうえでは人と付き合わないわけにはいきません。ですから人と付き合うような力はいずれにしろつけていってもらえるに越したことはない。だからと言って、SSTなどのコミュニケーショントレーニングをやってハウツー的なものを習得させようとすることではなくて、自然に楽しく親しんでいく中で身についていくことが大事だと考えています。いろいろな特性や違いを持った人がいるということを知りながらそれに対応できるような感性や柔軟性を育てていくことが大切ではないでしょうか。そんな子どもたちとの出会いによっていろいろな試行や模索をしているのですが、そんな実践過程を『異なる個性の出会いでつくりだすもの』という冊子にまとめました。そこには演劇、和太鼓、音楽、それから美術で楠の木学園が取り組んでいる授業の過程をまとめたものです。一人ひとりの生徒の特性に応じた細かい丁寧な指導、短くてわかりやすい言葉でということを踏まえながら、でもみんなでやることは結構楽しいものだ、怖いことや面倒なことではない、一緒にやるということは結構楽しいよ、という体験を作り出していく。それが書かれているものです。あとで、興味がある方は見てください。自閉症系の人たちは集団（仲間）やコミュニケーションが苦手で、その克服は不可能だとよくいわれていますが、どんな子どもたちでもそれぞれに柔軟な可能性、豊かな感性をもっていることを示してくれています。子どもたちがそれぞれに持っている自らの成長への希求や可能性を信じ、そうした子どもたちに伴走し続けることが、教育に携わる者の課題ではないかと思っています。

司会：前半は同和教育、後半は楠の木学園の取り組みというお話でした。これからもう少しお話を聞いてみたい、という方がおられましたら手をお上げください。

フロア：二つ質問があります。一つは同和問題の現状はどう捉えているのか。あわせて、同和教育そのものをどう捉えているのか、お教え願いたい。もう一つは一九五八年に教員になられて、激動の時期を過ごされたというお話は、学校の教員が社会と接点をもって活躍されていたという時代背景があったということを聞いて感動しました。私は一九五六年生まれでいわゆる「しらけ世代」なんですね。戦後間もない頃の状況が一通り終わってしまって覚めた時の人間なんですね。そういう意味で先輩方の話を聞くと「そういうこともあったのですか」と感動するのですけれど、今現在、若い先生方へ武藤先生がお伝えしたいことは何なのか、教えていただければと思います。

武藤：同和や部落差別の状況というのは率直に言ってよくわからない。ほとんど疎遠になってしまって時々何人かに会って「どうなっている?」という話はするのですが、かつての措置法案がなくなって、その後空白になって、特に関西などは反動の嵐があって、運動としてはかなり閉塞状態になっていると思うのです。差別の問題からいえば依然として無くならない。最近はわりといろいろな面でカミングアウトなどが認められるという時代なんですが、それでも部落問題についてカミングアウトする人は少ないですね。依然として隠しておきたい、ばれた時にいろいろな辛い思いをする、というのは現状として続いていると思うのですね。そういう状況は依然として無くならない。そういう意味ではこれからも法案としても作られていく必要があるだろうと思います。

それから、若い先生たちに何を期待するか、という質問ですが、期待するというより今の先生たちがもっとゆとりを持てるような在り方でないといけないのではないかと思うのですね。本当に今は教育って国家が統制して画一にやって当たり前みたいに思われている、と思うのですが、教育って一人の子どもに対応するのですから、一人ひとりの子どもを理解してその場その場で必要な対応が出来るような現場の教員の自由度にとっても大切なんではないでしょうか。そういう自由度がない、という雰囲気になってしまっているのではないか。それが非常に怖いことだと思います。「これを一緒にやったら喜ばれるだろうな」とか、「今度の休みに遊びに来いよ」とか、ということは今の先生は言えないでしょう、きっと。僕などは、「今度の日曜日に一緒に釣りに行こうか」とか声をかけて連れ出して、一緒に釣りをやって来るなど、そういうことがあったわけで、そういうことで関係性が保たれて、荒れている子どもたちとの信頼関係を作れた、というようなことがあったのですが、それが全く閉ざされてしまっているのではないか。この子とこんな付き合いをしたら喜ばれる、ということが出来るような自由度、先生たちの裁量をもっと広げてあげたいなと思います。答えになっていませんか。

司会：楠の木学園に加藤彰彦（野本三吉）さんから誘われたと言われていたのですが、その時の話は今お聞きしたのですが、もう少し詳しく加藤さんは「何をやって欲しい」と言われたのですか。

加藤：ご質問有難うございます。先に武藤さんの話の中から少し補足させていただきます。大学を卒業してすぐ五八年の勤務評定反対の運動がありました。卒業してすぐの学生が自分たちの職場に入って自分たちの意見を堂々と発表出来たという時代が一九五〇年代にあるわけですね。僕は一九六〇年に武藤さんの後輩として大学に入ったのですが、ある意味で先輩たちのそういう活動が僕たちの憧れだったことがあって、私立などはまだそういう感じがありますが、全然今のような雰囲気ではない。これから教師になっていこうという若者たちは「これからの時代は僕らが作っていくんだ」という思いがあって、今の教育の仕方がおかしい、先生方が評価されるということではなくて子どもたちや地域の人たちから評価されることが大事だと思っていた。僕は村田栄一さんや武藤さん達の後を追いかけて小学校の教員になったのです。その時の一番大事なことは、同和教育も含めてですが、目の前にいる子どもたちにきちんと向き合って生きられるかどうか、このことが一番大事なことで、どういう社会を作るかなどというイデオロギーよりも先に、目の前にいる子どもたちをどうやって一緒に関わっていくか、その子どもたちの苦しみを一緒に背負えるか、が一番大事だと思うのですね。先ほどの湯山先生のお話の中で、子どもたちを皆舞台に出たいという希望を何とか実現させたいと言うので、全員参加させて構成劇を作っていくことと同じようなことだと思うのです。時代が経ってどんどん管理主義が進んでいく中で、家庭生活が厳しくて学校に行けないなどの子どもたちも当然いるのですが、さまざまな障がいがあることによって行かれない子どもたちもいるわけで、全部ひっくるめてさまざまな困難を抱えている子どもたちがいるのに、それを学校教育は受け止めていないんです。

そういう状況の中で親御さんたちが学校へ行っても先生たちがちゃんと受け止めてくれない、ということがあって、自分たちで小さな集まりを作って先生を選んで、お金を払ってアパートを借りて子どもたちの面倒を見ているという運動が横浜のあちこちで起こり始めたのですね。当時僕は小学校の教員をやっていて、横浜の寿町というところにいたのですが、横浜市立大学の教員もしていたので、そこに親御さんたちが来て「何とかこの子たちを見てくれる場所を作りたい」とさまざまな人たちにお願いしていました。たまたま社会貢献を意図しているある企業が、自分たちの社員寮を全部開放してくださって、教室を設ける運動が現実化してきたんですね。いよいよ実際に始まるという時に、皆素人の集まりだったので、教育に関して専門的な力を持っている人に入ってもらいたいと考えていたところに、たまたま武藤さんがご退職になっていて時間がありそうだということで、お願いしたんですね。一人ひとりの子どもたちと向き合うような、子どもたちや親が安心できるような場所を作る、ということが最初の動機でした。武藤さんがそれまでやってこられたさまざまな実践に関しても、僕が武藤さんの教室に行かせてもらってご一緒したこともあったのですから、「来て欲しいな」とお声をかけたのです。同和教育と障がい児の教育とどうつながるか一度にはわかりませんが、いろいろ助言いただければ一緒にやっている人たちも意識も変わったり、何か出来るのかなと思ったりして声をかけたのが最初です。基本的には目の前にいる現実、目の前にいる子どもや親たち、さまざまな苦労されている人たちがどうなるか現実と向き合って、そこで暮らしを作っていかないと、「ああやれ」「こうやれ」とか「こういう制度を変えればよい」というだけでは現実は立ち行かないということです。そのことと制度を実際に変えるということが一緒にくっついて時代が動いていき、教育の中味が変わるということになるのです。武藤さんはその後、学園長や理事長になってしまって申し訳ないと思っていますが、十分多くの人たちに伝わってきているのですね。運動の成果も、先程の本にもありますように、上がっています。最後に紹介された本も読んでびっくりしたのですが、湊川での実践とは違った意味ですが、目を開かせる大きな実践をやっていると思っていますので、できるだけ広げたいなと思っています。

司会：どうも有り難うございました。武藤先生、それで良いですか。加藤先生は沖縄からこの会のためにわざわざこられたのです。他に質問はございますか。

フロア：私は六〇年代に義務教育を受けた年なんですね。それで七〇年代が高校、大学なんですね。戦後の日本が元気になってきた頃の教育を受けてきたと思います。小学校の時、教わった先生というのはほとんど戦前の教育を受けてこられた方々なのですね。私達子どもから見ても、非常に戸惑いがあったようにお見受けした方々が多かったと思います。熱心に教えてくださったのだけれど、何か戸惑いがあって、子どもに遠慮があったことなどをすごく感じたことを覚えています。中には戦前の厳しい教育をなさる先生もおりました。ですからそういうことがどう克服されていくのかということが一つあると思うのです。

それから、小学校は師範学校を出られた先生もおられるのだけれど、検定試験を受けて代用教員で来られた先生もおられて、どちらかと言えばそういう先生の方が生徒から人気があったのです。楽しく伸び伸びとした授業をやっておられた記憶があります。

二点目はフリースクールの件ですが、楠の木学園での実績は非常に貴重なことをなさっているなと思っていますが、経済的な負担に関してケアがあるのかどうかお聞きしたいのと、私は今やっておりますのは、この話とは関係がないのですが、全くのボランティアで無料塾をやっております。障がいのある子どもも一部はおりますが、小学校から不登校になってしまい、一九歳になってしまった青年が高校卒業程度認定試験を受けて大学に行きたいと言います。また、国際的にいろいろな外国人の方がおります。外国から来て日本人と結婚したのだけれど、なかなか職がない状況で、家庭崩壊して父親が国に帰ってしまった。子どもの教育は残っている。何とか勉強させたいというのでフリースクールに来ています。生活保護を受けているので学習塾に行くお金もない。経済的な負担を一切かけない形で、若干の公的補助がありますが、一部は区民会館など借りてやっているのですが、そのような経済的な背景もお伺いしたい。

武藤：僕らは新制中学第一期で、中学校の校舎を作るので地ならしからやりました。ほとんど教員は復員軍人さんとか元予科練崩れの人とか、女の先生方は女学校を卒業してそのまま先生になられたような状況でした。僕らが授業を受ける時は代用教員が中心で、教える自信もないけれど、ただ新しい民主主義についての勉強だけは一所懸命やってくれたので。学習や学力については何も身についていないという状況でした。僕が教員になった頃も、川崎だったので人口膨張がものすごかったのですね。僕は中学校の免許だったのですが、中学より小学校の教員が足りないから、小学校へ行ってくださいと。数年すれば今度は中学校が必要になるから、その時はまた中学校へ、というお話だったのです。一クラス五五人くらいでほとんど後ろに空きがない。二部授業ですから、午前中僕のクラス、午後は別のクラス、給食を食べ始めるともう次のクラスの子どもたちが窓から覗いて待っている。そんなような形でしたね。私などは戦後のどさくさというのでしょうか。いろいろな先生方がいて、僕らはそういう意味では新教育、民主主義教育をやるんだというので、師範卒の先生方と衝突したりしました。今から考えると大人げないことをしたと恥ずかしい思いをする時もあります。

フリースクールの問題ですが、フリースクールもピンからキリまでありますよね。最初は自分のお子さんが学校へ行かなくて、家で自分の子どもの面倒を見ていてついでにほかの子どもの勉強を見ている。そんなことから始まったフリースクールが、横浜にはそんな例が多かった。そんななか、うちの場合は例外で、最初は企業立みたいなものだった。企業さんが社会的貢献でお金を出してくれた。だからそれなりに当時の民間教育の中で、ある程度実績がある優れた先生をスカウトするという経済的ゆとりもあったのですが、バブルの崩壊で企業が後退したのでその負担を保護者にしてもらうことになって、七万円も授業料もいただくのですね。それでもうちの専任スタッフは最低賃金以下の給料で生活してもらっている。そのほかに貧困対策で、生活保護やそれに準ずる家庭のお子さんの支援は別枠でやらしてもらっています。その方には行政の予算もある程度つくのですが、それは楠の木学園の予算に還元されない。

フロア：先程の湯山先生と同じことをお聞きします。レジメの中に「肯定的な自己価値の発見」とありますが、楠の木学園ではどのような成果をあげられておりますか。

武藤：成果という面ではすごいことがあると思います。たいがいの子が一年もすれば別人のように元気になり、生き生きとしてきます。最初は門の前で固まってしまっていた子、校舎に入っても職員室から出られない子、人の顔を見て話が出来ない子など、それぞれに見違えるように元気になります。「肯定的な自己の発見」ということで言えば、教師だけでなく、周りの仲間から認められたり、感謝されたりなどの他者からの評価が大きいのではないかと考えています。具体的な例では楠の木学園の多目的教室で、会合をもつ時などテーブルを入れ替えたりするのですが、利用した人に「そのままでお帰りください」というのですね。次の日生徒たちが来たら生徒たちに片づけてもらうのです。やらない生徒もいますが、結構皆喜んで片づけてくれるのです。「片づけていないから片付けてもらえる？」とお願いするのですね。「有難う。助かったよ」と感謝を表す。また、調理実習など役割を担っているので、いろいろ感謝をして料理の出来ばえなどを評価します。日々の行為が評価され感謝されることで自分に自信がもてるようになり自己肯定感を育んでいけるのだと思います。

■**主な著書**

『学校を告発する』（編著）エール出版社、一九七〇年
『教育闘争への模索』社会評論社、一九七四年
『いのちと深く出会うとき』社会評論社、一九八五年
『やさしさを学ぶということ―父と二人で生きるきみへの手紙』御茶の水書房、一九八八年
『巣立ちへの伴走―フリースクール・楠の木学園の実践』社会評論社、二〇〇一年
『フリースクールの授業―ＮＰＯ法人楠の木学園で学ぶ若者たち』社会評論社、二〇〇四年

【解　題】

安達　昇

武藤は一九五八年に教員生活を川崎市でスタートする。当時は政治の季節で否応なしに社会との関わりを続ける。教員勤務評定反対闘争に始まり、六〇年安保闘争、ベトナム反戦、全国で学園闘争等が起こる中で『学校を告発する』（武藤啓司編、エール出版社、一九七〇年）、『教育闘争への模索』（社会評論社、一九七四年）を出版する。東京・大田教組の教文部長であった武藤は組合運動の再建に取り組んでいた。そんな中で一九七五年になって「目の前にいる子どもにかかわる」ことを実践している大阪や兵庫の教師たちから部落問題、同和教育実践を突きつけられるのである。その後の武藤は教育実践に向き合い一九七八年には全国同和教育研究協議会（全同教）の三〇回大会（東日本開催）で初めて東京開催が実現するのである。当時、関東では同和教育を「童話」教育と間違えることもあった。埼玉、長野では取り組まれるものの大きな広がりにはなっていなかった。その後、武藤は全同教の言語認識部会の専門委員として活躍するのである。一方、林竹二と出会い「授業」への取り組みも深めていく。退職後、武藤は加藤彰彦（野本三吉）に誘われて横浜市小机にあるフリースクール楠の木学園に関わり、目の前にいる子どもや保護者等と関わりながら「学習障がい児」（ＬＤ）の教育に携わり、講師、学園長、理事長を務める。楠の木学園の実践は『巣立ちへの伴走』（二〇〇一年）、『フリースクールの授業』（二〇〇四年）、いずれも社会評論社刊で世に問うた。

武藤は出会う人の話を丁寧に聞き、同じ目線で向き合う。そして笑顔を絶やさない。子どもの話をする武藤は嬉しそうで人々の心を引きつけるのである。

湯山厚氏 × 武藤啓司氏とフロアとの応答

武藤：始まる前にちょっとお時間をいただきます。私が在職中には湯山先生には来ていただいて子どもたちの指導をしていただいてお世話になったのです。楠の木学園に移った今から二十数年前はパソコンを手に入れるには大変な時代だったのです。その頃に湯山先生の会社から一〇台くらいパソコンをいただいてしまったのです。また、紙もいっぱいあってそれもいただいて随分助かったのでした。お世話になりました。

湯山：いや、少々古い型のパソコンでしたが、もらってくれてありがとう。武藤君から言わせると「お前の話は軽率である」と物足りなかったのでしょう。

武藤：いやいや、湯山先生のお話は教養もあってすごいのです。会津八一《あいづやいち》さんのお話などいきなり出て来られたりするので、とてもついていけないところがあって、とんでもない逆なのです。湯山先生のお宅にお邪魔したのですが、立派な囲炉裏などがあって。

フロア：伺いたいと思っていることが二つあります。一つは、私も実践の経験がありますが、よい反応とよくない反応の両論がありました。お二人の実践についての反応をどのように生かされて今日に至ったのかどうか。もう一点は、先生個人ではなく、学校という組織の中でどう機能させたのか、をお聞きしたい。

武藤：自分が実践したことを記録するということはすごく大事だと思っています。今の楠の木学園の先生方にも「実践記録を書くように」と言っているのですが、低賃金で加重労働になってはいけないと思いこの辺で止めているのですが、記録しないと日常に流されてしまうのですね。誰かに読んでもらい評価してもらうための記録することは自分の実践の経験や進化が可能になると思います。

湯山：ご質問に直接お答えできるかどうか自信はないのですが、いじめの場合、子どもが悪いと思っているのですね。子どもは本来仲良くしたいのですよ。先生が下手くそな教え方をするものですから、子どもは飽きてしまう。飽きると隣の子どもにちょっかいを出したりして、だんだんと広がり、教室全体がダメになってしまうですから、いじめをなくすにはまずは教師が上手に教えるということなんですね。ところがいろいろな学会などでは「それは技術主義である」と軽蔑するのですね。子どもを変えるのは技術を通してしか変えることはできない。技術をもう一度見直す必要があります。

武藤：現役時代、生活指導主任になったことがあるのですが、特に小学校の教員は学級王国主義だから、自分のクラスのことを他人に相談したり、他人から口を出されたりすることは、感情的に気持ちのよくないことですね。だから、できればクラスの問題は自分で解決したいという思いが強いのですね。それだと見えないところがあるし、気づかないところもあるし、一人ではどうにもならないことがあるわけです。毎朝、各クラスが順番に問題にしたい子、一緒に考えてもらいたい子について報告してもらうという仕組みを作ったのです。だんだんと定着し、それなりにお互いに考えようという雰囲気は出来てきましたね。楠の木学園はクラス担任がなく全部が一つのクラスで、担当は決まっていますが、いつも一緒に考えて気づいたことをすぐに交流し合う。時間を置いて職員会議へかけるというのではなく、気がついたら時間のある所で報告し合っています。

フロア：去年の四月から週に一回楠の木学園でボランティアをさせていただいています。本当にいろいろな子がいて、就任した時は戸惑ったのですが、時間が経つと一人ひとりの子が自分の方から話しかけてくれて本当に楽しみです。ちょっとしたことで問題があると先生たちがその場を捉えて、すぐに相談室みたいなところで指導され、非常にきめ細やかな指導をされていると強く感じています。私も小学校の教員でしたが、大勢いると一人ひとりきちんと見るようなことが難しくて、対応がうまくいかないこともあったという反省をしています。

司会：組織としてという問いかけがありました。湯山先生の場合は学校としての取り組みはいかがでしたか。

湯山：よく「学級王国主義」などといわれることがある。学校全体として調子を合わせなければいけないということですが、そんなことは出来ないわけですよね。教師はとにかく良い学級経営をする。そうはいっても全教科得意な先生はいないわけで、自分の専門分野に基づいて良い授業をすれば子どもは乗って来るのです。教師の方も余裕が出てくると教室経営が変わって来る。教師は目の前の教材研究だけではなく、アカデミックな勉強をすべきだ。そうすると子どもは「あの先生は、普通の先生と何となく違う」と感ずるのですよ。それが本当の教育なのではないかと思います。

フロア：今先生のお言葉を伺っていてちょっとイメージしたのが、小学校の先生方が全教科を担当することになっているけれど、それぞれに得意なところがあり、それぞれの先生方がお互いに助け合い、それでいて学級はきちんと見るよ、というような感じになるとよいのだなと思ったのですね。一人ひとりを見つめるということは大事なことなのかもしれませんが、見つめる深度というか深さが違うのだろうか、とお話を聞きながら思いました。そのあたりはどのように考えられますか。今の若い先生方も含めて誰でも、子ども一人ひとりを一生懸命見つめたいという思いはあると思うのですが、見つめる深さが違ってきているのではありませんか。

フロア：今の方と似たことを感じていると思ったので発言します。湯山さんは私より二〇歳上、武藤さんは一〇歳上。私が論議をしている横浜学校労働者組合の委員長は私より一〇歳下。この四人の世代の違いで、今の学校をどう見るか、ということを考えています。今日武藤さんのレポートの最初に出された一九五八年に就職された頃の勤評闘争が終わって一九六八年に私は中学校の教師になるのだけれど、その年、横浜では宿直制度が無くなったのです。ですから、私は宿直を一回も経験していないのですが、就職した学校には宿直室があってね。そこでたむろして、泊まることもあって、そういうことの中で子どもについての見方を養われていた。けれど六八年から七〇年にかけて村田さんがリアルな視点で学校を批判したことが、何を今要請されているのか。組織ということについて、武藤さんが毎朝子どもについて報告することをされたというのはすごいことです。今の学校の教師の大きなストレスは子どもについて率直に同僚と話をすることがない、という辛い状態になっている。だから、そのことは組織としての学校のリアルというところで、昔とこう違ったということをもっとお聞きしたいところです。

湯山先生は、作曲をされたということですが、どうやって身につけられたのか伺います。

湯山：へっぽこ教師が作曲なんて出来るはずがないのですよ。そうせざるを得ないから仕方なしにやったのです。詩までは作ることができるが、曲をつけることが出来ないのでね。それでもあえてやってみる。音楽の専科の先生に全部頼むことはできますが、あえて自分なりに下手でもやってみる。何とか出来たら、音楽専科の先生のアドバイスや伴奏を作ってみていただく。そういう格好で、自分で出来るところはせいぜい頑張るのですが、やはり最後は専科の先生に助けてもらうことが大切なんです。その程度までしかわかりません。

司会：先程の入江さんの話を引き継いでいるのですが、湯山先生の書かれた文章中に、今学校でやっている考え方と教師との乖離があるのではないか、なかなか教師の関係性が学校に反映されないということがありましたが、多分今の学校は指導主事のような形で発言している。「このように書かれているからこのようにやっていけばよい」とマニュアル化された部分がある。今の言われた中で、たとえば子どもと向き合うというところとの差があるような気がするのですね。今その差を埋めていけるようなもっと違う形があるのか。今は形で実践されているような気がして、それが今の若い教師たちのいろいろな活動を規制している。それに乗っかって実践すれば楽ちんだからそのままにしている。そういうことが乖離を埋めるということなのか。どう思いますか。

フロア：私は今、週に一回三時間ほどですが、ある学校に入って低学年の給食を見たり、六年生の算数のお手伝いをしたりしています。学校の場所は比較的レベルの高い生活をしている地域で、生徒は塾へ行ったりしてかなり差がありますけれど、授業の内容はよくわかっているのです。授業は最新型の機器を使って進められているのですが、私は授業の熱を感じません。これで何を教えたいのかな、という疑問が残ります。機器を使うことで喜んでいる子どもたちはいますが、しらけている子どもたちも多い。それを見ていてすごくもったいなさを感じショックを受けました。低学年の先生方は一生懸命に指導されているけれど、子どもたちが「楽しかったね」で終わってしまっている。一人ひとり、いろいろな子どもがいて、それが先生にはあまり見えていないのではないか。給食の時、子どもと話をしていても問題がある子がいたりするのですが、それが見えていないのではないか、と思います。「授業がうまくいったらそれで終わり」のような感じがしたことと、今お話のあった時代の子どもと取っ組み合いをやっているような、そういう熱情が感じられない。親から見れば、この学校は設備や最新型の機器もそろっていてとても良い、というイメージなんですね。そのギャップが、今の教育の問題なのかと思っています。そのことが、一人ひとりを見つめる頻度がどうなのかという先程の質問になったのです。

武藤：村田栄一がスペインかイタリアに行ったら、クラスの生徒の数が一七人だった。日本では四〇人学級が当たり前で、「よくそんな大勢のところで教育が出来ますね」と言われた。それに対して「日本はそれくらいで良いのですよ。一人ひとりを見たら子どもが皆窒息してしまいますよ」と答えたという話があります。深度というよりどのような接し方をするかということなんだろう、ということですね。今の先生方や学校は、学校として子どもを見るという時に、一人ひとりの生身の子どもに接しているのではなくて、学校の管理の上で都合よくそれなりのスケジュールと進度表に基づいてどこまでやるのか、やれているのか、それを受け止める子がいるのかということだけで測ってしまう。それぞれの子どもの悩みを受け止めて、それぞれがどう生きることがよりよいことなのかに全然触れることがなくて、どうやって効率よく管理がうまくいくか、ということだけで見てしまうような時代になってしまっているのではないか。「問題はあるけれど問題の子はいない。問題にすることで問題の子を作ってしまう」。問題は問題にしない。問題は置いといて個々の多様な課題に視点を当てることの方が重要なんだ。そういうふくらみを持って子どものことを考える。他のクラスは置いといて自分のクラスはこうしたい、という自己主張が許される自由は教員になくてはならないのではないか、と思います。

フロア：今、学校現場ではアクティブラーニング（ＡＬ）が一つの流行語として作られている。ＡＬとは何なのか。一九九〇年代に新しい学力観が出た時に、ディベート・ロールプレイ・シミュレーションという言葉が流行語になったのですね。それの流れを汲んで現場に降りて来ているのですね。ですから、大学の教育学部の学生や初任者研修でＡＬなんです。ＡＬをきちんとマスターした授業をやりなさい、ということなんです。埼玉県ではジグソー法という一つの方法を現場に押しつけている。ＡＬをジグソー法でやりなさい、と降りて来ている。そういうことを現場の教員がどう捉えているかということが心配です。教育内容に関して、教科書検定制度、学習指導要領でシバリをつけてしまった。自由な教育内容を現場の教員が自由に作り上げるということに関してシバリが出来てしまっている。「これ授業でやって良いんだろうか」という。その流れをくむと今度は、教育内容だけではなくて授業方法までシバリをかけて来ている。これで良いのだろうか。湯山先生、武藤先生が、オリジナルな教育実践をされているのですが、そういう授業実践が本当に熱のある授業だと思うのですね。ところが今の若い先生方はとにかくＡＬ。本当にそれでよいのだろうか。クリエイティヴな授業を作れるのだろうか、と現場にいて感じます。本日、いろいろな教育実践を我々も含めて学校現場の教員は学び、それに基づいて自分なりの授業を作り上げて行くのがとても大切なのだ、ということを学びました。有難うございました。

フロア：学校が安全で安心であるためにはどのようにしていけばよいのか、ということです。湯山先生の構成劇での話でも、教師がこういうことをやれ、というのではなくて子どもが考えたことをもとに教師が実践をしていく、ということがありました。生徒を信用していない教員が多くて、どうせ生徒はやれないのだから教員の方でやっていかなければならない、という態度は僕自身は大嫌いです。

たとえば、文化祭に関してでも、僕は生徒がこうやりたいと言えば「どうぞ」とやらせます。もう一つ武藤先生の「教師がいると、恥をかかされるという生徒が教室に入れない子がいる」というお話ですが、僕は社会科の教師ですが、教科の中でも教師が期待するような答えを生徒に要求している場合があります。今年の授業の最初の授業で生徒に「ことばづかいに心がけよう」と言いました。構成劇の箇所でも子どもが表現することが今の学校でも指導できていない。自分を表現するとか自分を出していくということがうまくいっていないと思い、どう指導してよいのかと自身も苦労しています。

武藤：学校一般にそれを求めることは無理だろうなと思います。学校は安全でも安心できる場でもないから、そうだったらいつでも辞めなさい。不登校大いに結構、という風に暗に言っているのですよ。そういう中で、あえて安全だというのは当たり前ですが、先生がいつ暴力を振るうかわからないし暴言を吐くかわからないし、恥をかかせられることもある。生徒に「愛知県の県庁所在地はどこですか」と質問すると答えられない生徒もいるわけで、それ自体が恥をかく羽目になるわけです。それは子どもにとっては極めて危険な場所なんですね。そういう場所であることを踏まえて、どう子どもたちに対応するのかということなんだろうと思いますね。正解を期待する質問はしないとか、○×ではない答えでどういう答え方をしてもそれ自体は意味があるという風に考えていく。

学園で月一回算数の勉強会をやっている人がいるのです。特に重い障がいがある子どもたちに一緒に算数を考えている。その人が、子どもが問題を解けないとか間違った答えを出すと、その答えが出てくる必然性を考えることが大好きなんですよ。この子はなぜここが出来ないのか、なぜ間違えるのか、なぜこういう風に考えてしまうのかということを必死に解き明かそうとするのですね。そうすると、この子はこういう思考がこうしているからこうなるのだ、とわかるとそれが楽しい、正解ではないのですがその謎を解くということに生きがいを感じている。それは、簡単に解ける場合でもその思考法は意味をもつのですね。だから、正解を求めない先生、一緒に考えてくれる先生、という感じになって来るのではないかと思うのですね。

湯山：私はあまりしゃべれないのだけれど、オールマイティの教師などどこにもいないわけで、全教師は皆半端なんですけれど、それなりに精いっぱい自分の力を発揮してそのことに対して生徒は信用するのだから助言を受け入れるのであって、指導主事の下請けになってはいけないんだ。教師は自分が主役なんだ、それに対して文句があるなら言ってみろとか足りないところがあったら指摘してもらう、そういう関係にあるのではないかという風に私は思っています。

司会：どうも有難うございました。最後に、ファイナルコメントをお願いします。

武藤：津久井の事件とも関わりますが、障がいを持った子が生きていくというのはどういう地域を作っていくかということと深い関わりがあるのですね。民主主義を作っていくというのは、地域での自分たちの民主主義的な運動の経験が積み上がることでしか本当の民主主義が広がって行かない。そういう意味では地域の市民活動を作っていくなかで障がい者の問題も含めて、障がい者が安心して生きていけるような繋がり、状況を作っていかなくてはならない。貧困の家庭の子どもたちの学習支援、今の行政の委託を受けてやってはいるけれど、その範囲をもっと広げて行く。「子ども食堂」なども貧困の子どものための食堂というだけではなく、高齢者や育児に関わっている人たちを含めて一緒に集えるような場所を作っていくことが、不可欠なんだろうと思います。もう一つ、今法案が作られている不登校児への支援法に対する評価をどう考えたらよいか、ということも触れられなかったのだけれど、オルタナティブの教育が学校では出来なくなっていれば学校以外でやらなければならないであろうし、他でやっているオルタナティブの教育をどう社会的に承認させていくか、ということなどこれからの大事な課題となっていくのではないか、と思います。これまでこのような振り返りの機会がなかったので、こうした機会をいただけたことに感謝いたしております。

湯山：とにかく九二歳となりますと、教育そのものが大昔のこととなります。ろくな話も出来ずお詫びを申し上げたい。（拍手）

お礼の言葉：湯山先生、武藤先生には長時間にわたりお話しくださり、ありがとうございました。先生方の実践がどこかで我々の中に生かされて実践に結びつけていくのではないかと期待してお礼のことばと致します。

二〇一七年九月九日

市川　博

社会科の初志をつらぬく会がめざしたもの―問題解決学習はこうして生まれた―

【市川《いちかわ》　博《ひろし》氏　プロフィール】

一九三七年、東京都生まれ。一九六五年、東京教育大学教育学研究科博士課程中退。同年より大阪府立大学、東京教育大学を経て、横浜国立大学教授、帝京大学教職大学院研究科長を歴任。横浜国立大学名誉教授。日本社会科教育学会会長、社会科の初志をつらぬく会会長、中国・華東師範大学及び上海市教育委員会顧問教授、読売教育賞選考委員等を務める。

＊

市川博氏の講演をまとめていた二〇一九年一〇月一日に、社会科の初志をつらぬく会の名誉会長であり、設立者の一人でもある上田薫先生がご逝去されました（享年九九歳）。

市川氏には、初志の会の設立に関わられた、長坂端午、重松鷹泰、上田薫先生の三人の教えを受け、その後、初志の会の会長も務めてこられたご自身の歩みから、初志の会がめざしてきた問題解決学習の背景やその実践の神髄について熱く語っていただきました。

はじめに――私の小学生時代

私は今年、八十歳になりました。私自身これまで「社会科の初志をつらぬく会」（以下、初志の会）の考え方で育てられ、会長も務め、心も身体も全部、初志の会で染まっており、ある意味では初志の会の生き証人の一人でもあります。

私は、日中戦争開始の年（一九三七年）に生まれ、終戦の前年に国民学校へ入学しました。その夏、学童疎開が始まり、私は一人、母親の実家の埼玉に預けられていましたが、終戦の前日、八月一四日に父が迎えに来て東京に戻り、玉音放送は東京の実家で聴きました。そして、九月一日以降はいわゆる新教育を受けて育ちました。

小学校四年生の時、丁度、昭和二二年版学習指導要領が始まった年ですが、東京師範学校（現在の東京学芸大学）を卒業した新卒のクリスチャンの加藤論先生が赴任されました。先生は新しい教育に熱い思いをもっておられ、四年生から六年生まで三年間、授業を受けました。たとえば国語の時間、教科書（当時は国定）に書かれている字句の意味について、先生が神田で買ってきた二種類の虎の巻も参考にしながら、いわゆる勉強のできる子が司会をして話し合い、それをもう一人の子が板書して進める授業でした。卒業アルバムの集合写真を撮る時も、どんな写真を撮るか話し合った結果、児童数が六三名というすし詰め学級でしたが、みんなで授業しているところを撮ろうと、全員の顔が入るように机を並び替え、私が地球儀を指して説明しているところを撮りました。このような教育を受けていたためでしょうか、大学の先生がラジオで新教育の話をしているのを我が家の縁側で聴いて、「僕たちが受けているのは新教育というものなのだ」と感じたことを覚えています。

長坂端午《ながさかたんご》先生との出会い

小学生時代のそのような体験や、学び合う授業の楽しさ・充実感が、私の教育への原点となっているのでしょうか、東京教育大学（以下、教育大学）の教育学科に入りました。入学式の翌日、教育学科のオリエンテーションを受けるために教室で待っていましたら、担任の先生が来られる前に長坂先生が時間か教室を間違えて教室に入ってこられました。担任の先生が来るまでということで、長坂先生はたばこを吸いながら、「君たちの中には、行政や出版以外に、学校の先生になりたい人もいるだろうけど、今の中学校・高校には教育はない。小学校にしか教育はない。本来の教育は……」という話をされました。私は、詰め込み教育に批判的でしたので、長坂先生の話を聞いて感激し、まだ学科のどの先生にも会っていないのに、この先生に師事しようと決断し、翌日、研究室を訪ねて師事を願い出ました。後から長坂先生が社会科教育の専門の先生だと知りました。こうして教育大学で出会った最初の先生が、生涯の先生となりました。

最初に長坂先生の研究室を訪ねた時、これからどのような勉強をしていけばよいか尋ねましたら、「まずドイツ語、フランス語をしっかりマスターするように」と言われましたので一生懸命勉強しました。フランス語は夏休みに御茶ノ水のアテネフランセにも通いました。当時の教育学科は、学問とは外国の研究であるとする雰囲気がありました。先生のゼミもドイツの文献の購読でした。授業研究や初志の会（私が二年生の時の一九五八年に創設）について語られることはほとんどありませんでしたが、二年生の時、卒業論文は、子どもたちの学びの中心となるとされていた［activity］の内実をなす［ごっこ］、［work］、［arbeit］（ケルシェンシュタイナーの労作学校arbeitsschule の労作）、［labor］（工場の中で労働して学ぶことを推進したソ連建国当時の教育）の意義・違いをテーマにしたいと漠然と考えていました。しかし、その夏休みに、中国で人民公社化運動が起こり、新しい教育が展開されていることを知りました。民営学校といって、民衆自身が自分たちの生活や生産活動に必要なことを学ぶ非公認の学校を独自につくり運営する運動が展開されていました。私は、そこに教育の原点があると感動し、中国語を学んで中国の教育を研究していきたいと決心しました。しかし、父から、「中国のことを勉強していては就職もできないし、食べていけない」と激しく叱責され、止められました。当時、新聞では中国の国名を中共（中国共産党が独裁的に支配する国）と表記していたほど敵視されていたからです。ですが、長坂先生は「いい仕事をしていればきっと誰かが見ていてくれる。教育大学で一人くらい中国を研究する者がいても良いのではないか」と背中を押してくださり、研究を始めることができました。

このように先生は、学生が真剣に取り込もうとしていることを常にサポートされました。大学院修士課程二年生の時、ドイツの教育を研究している先輩（金沢大学を定年退職した後、早稲田大学に赴任した藤沢法暎さん）と二人で先生に初志の会の入会を申し出たところ、「君たちはいいよ」と断られてしまいました。当時は、初志の会の入会には会員二人の推薦が必要という厳しい規定があったので、物事を純粋に考えられていた長坂先生は、初志の会の理解が浅い私たちを受け入れてくださらなかったのかもしれませんし、「自分の研究に専念しなさい」ということで断られたのかもしれません。長坂先生は、私たちに教育現場の話をほとんどされませんでしたし、現場の先生方と会わせようともされませんでした。

さて、当初、大学に職を得ることはもとより、普通の就職も難しいと覚悟していましたが、幸運にも博士課程三年生になった春に、大阪府立大学に赴任することができました。当時、私は、中国における新教育の導入過程の研究をしていました。第一次大戦後、デモクラシー運動が起こり、世界的に新教育運動が広まっており、日本でも玉川学園や成城、成蹊、自由学園などが設立された頃、一九一九年二月にジョン・デューイが来日し、東京帝国大学において「哲学の改造」をテーマに、八回にわたって講演をしました。この講演は“Reconstraction in Phirosophy”として一九二〇年に出版されました。デューイは、同年四月二十七日に神戸港から上海に渡り、そこで五四運動を目撃しました。そして、それから二年三カ月にわたって中国に滞在して、新教育の推進に努めました。デューイの弟子たちも中国に来て、その推進に努めました。その結果、中国では一九二二年に社会科が創設されました。日本で社会科が始まったのは一九四七年ですから、二十五年も前のことになります。

上田《うえだ》 薫《かおる》先生との出会い

私は、一九六八年に大阪から教育大学に助手として戻ってきましたが、中国における新教育の導入過程に切り込む研究の視点が定まらず悩んでいました。その時、上田先生から、初志の会の全国研究大会への参加を勧められました。以前、入会を断られたことがあったのでびっくりしましたが、その時参加して、最初に出会った実践が有田和正先生のゴミ収集の学習でした。分科会では、先生方が授業記録に基づいて、子どもが変わっていったことを捉えて、何をもって変わったといえるのか、子どもが育ったという基準は何かということを、一人ひとりの子どもの発言などをもとにして熱心に研究討議していました。「何だ！。この先生方こそ、具体的事実に即して深く掘り下げ、緻密に、論理的に、本当の研究をしているじゃないか」と、驚かされました。

それ以来、初志の会にどっぷり関わるようになり、授業研究に力を注ぐようになりました。中国の教育の研究は、横浜国立大学に移ってからも続けていて、東京大学の大学院で、非常勤講師として中国教育史のゼミも担当していました。しかし、四十歳に入る頃には、実践的な授業研究にのめり込んで、中国の教育の歴史的研究は止めることになりました。

さて、その上田薫先生との出会いですが、上田先生も六八年春に名古屋大学から教育大学に転任されてこられ、学科の歓迎会に二人並んで座りました。しかし、教育大学では、その年の六月の学長選挙で、筑波移転推進派が当選し、上田先生も私も移転が強硬に進められたことに激しく反対して、その結果、上田先生は七二年に立教大学に移られ、私も横浜国立大学に転任することになり、今度も二人並んで学科の送別会に臨むこととなりました。

このように、私は、偶然にも上田先生に出会うために教育大学に戻った形となりましたが、そこで新しい恩師に出会い、その後、半世紀にわたって先生の近くでずっと学ぶ機会を得ることができたことは、大変幸運なことでした。

社会科の初志をつらぬく会は、会名からしてとりつきにくいし、切実な問題解決を核とする教育の理論・意義を理解し、実践することも難しいところがあり、迂路曲折して入会される方が数多くいます。そのようなわけで、私もうろうろ回り道して初志の会に出会い、育てられてきたことを話しました。前段が長くなり、恐縮です。

初志の会の前史

さて、次に本題の初志の会について話させていただきたいと思いますが、初志の会の理論・実践は戦後初めて現れてきたものではありません。子どもを枠に嵌めず、子どもに即する教育をめざす新教育の前史があります。それを踏まえて初志の会ができたわけで、まず、その前史をお話ししたいと思います。

初志の会の一番の前史は何かというと、それは、今から百年以上前の十九世紀末、まさに二十世紀が始まる時に現れた新しい教育理論です。ペスタロッチやルソーの時代は、まだ国民教育の時代ではありませんでした。すべての子どもが学校に通い、公的組織的な教育がはじまりましたが、そこにおける枠に嵌める画一的な教育の問題を改革せんとする理論・実践が十九世紀末から二十世紀の始めに現れました。その突破口を開いたのが、エレン・ケイの『児童の世紀』（一九〇〇年刊）です。まさに「二十世紀は児童の世紀」ということで、『児童の世紀』には、「彼自身の精神を自覚させ、固有の道を歩ませることだ」と書かれています。一人ひとりに固有の道を歩ませる。これが初志の会の原点で、自分が自分らしく生きていく。自己実現への学びであり、これが原点です。

私たちは、学校に行く前から、日々生活していく中で、生きていく知識や技術・知恵とを獲得し、育てています。生活そのものが教育であり学校です。その生活のもつ教育の原点・要素を教育の中に取り入れることをめざした学校が、シカゴ大学でデューイが始めた実践学校です。その実践と意義について講演をしたことをまとめたものが、『学校と社会』（一八九九年刊）でした。抽象的に学ぶのではなく、子どもの生活や関心に即し、具体的な事実や実践を通して将来に役立つ力を獲得していくことは、初志の会の理論の原点です。

日本では、樋口勘次郎が『統合主義新教授法』を一八九九年に出版しています。樋口は、「このようなものを出したら（東京高等師範学校附属小学校を）首になるんじゃないか」と、かなり心配をしながら出版をしたといわれていますが、授業は合科的に行うこと、生活するその中に教育のいろいろな要素が含まれていることを「飛鳥山の遠足」で示しました。その後、子どもを一律に枠を嵌めず、子どもの生活に即して柔軟に、多様に、学びを図ることをめざす新教育が、欧米だけではなく、日本でも広く展開されました。それが、大正時代の自由教育です。先に述べたように、一九一九年にデューイが来日し、そして中国に行きましたが、デューイについて、当時の日本政府は警戒心を抱いていたようで、日本に滞在していた間、警察がずっと監視していたようです。

そのような中でも、木下竹次が主事を勤める奈良女子高等師範学校の附属小学校では、年間二万人の参観者がありました。木下は、教師が教え込む「教授」から、学ぶ子どもの立場に立ち、子どもが自ら学ぶことを重視する「学習」へと教育の概念・名称を変革することを主張して、『学習原論』を出版しました。また、学習の合科的性格を重視するとともに、「学習者自ら、全一的生活を遂げて、全人格の渾一的発展を図る」ことを主張しました。知識をやたら詰め込んだモザイクのような人間ではだめだ。教育とは、必要に応じて、教科の枠を払い、または結合し、学習者自ら、全一的生活を遂げて、知識・技術を統一的に把握し、発展させて自らをつくっていくことと提唱しました。それは、まさに教育の原点であり、初志の会の原点です。

なお、当時、子どもの生活に即するだけではなく、子どもの困窮した生活を凝視し、貧困の原因となっている社会的問題の究明を図ろうとした生活綴方・郷土教育・新興教育運動が展開されていったことも重要です。子どもを一つの方向にだけ向けさせる教育には問題がありましたが、子どもの生活を脅かしている社会に目を向けるとともに、その施策を推進している権力に抵抗していくということは重要なことです。初志の会も、子どもを系統的に教え込んで枠に嵌める教育論・教育政策を否定し、抵抗していくことを基本としています。

戦後日本の教育の中で

戦後のことは、参会者の皆さんはご存知のことですので、詳しくは申し上げませんが、戦前の軍国主義的教育の反省に立脚して、新教育の花形とされた社会科の理念・初志は、「新しい民主的な社会を主体的に創造する人間は、子どもの切実な問題解決によってこそ育つ」「青少年の現実生活の問題を中心として社会的経験を深め、統一されて、将来の実生活の力となっていく」のだとして、民主的社会の形成をめざして、子どもの切実な問題解決学習を基盤に据えたものです。

しかし、一九五〇年以降、「六・三制、野球ばかりが強くなり」と、新教育批判が強まり、教育内容を系統的に教え込む教育が進められました。その結果、一九六〇年代末より、学びについていけない者を落ちこぼしていく教育だと大きな教育問題となりました。そうした中で、子どもが主体的に学びに取り組む教育をめざした戦後初期の教育が見直され、教育内容の精選も図られて行きました。その時の教育政策のトップに立っていたのが、永井道雄先生です。永井先生は、東京工業大学の教授や朝日新聞の論説委員をしてきました。三木内閣の時（三木首相は、保守系の中では比較的民主的な方だった）、永井先生が文部大臣を昭和四九（一九七四）年十二月から五一年十二月まで務め、昭和五二（一九七七）年版の学習指導要領の基礎を築きました。その永井先生の高等学校時代からの親友だったのが上田薫先生です。「仕事前の朝早く、永井君の事務所で、彼と教育をどう立て直すか、何度も二人で作戦を練った」と上田先生から聞いたことがあります。「ゆとり教育」の基になるものが、永井先生と上田先生の二人によってつくられたとも言えます。

そのことが結実して、平成八（一九九六）年に発表されたのが中教審答申〔「二一世紀を展望した我が国の教育の在り方について」（第一次答申）〕です。「自分で課題を見つけ、自ら学び、自ら考え、主体的に判断し、行動し、よりよく問題を解決する資質や能力」を育むという、「自ら、自ら、自ら……」という、自ら主体的に学び、考え、問題を解決していく力の育成を図る教育が提唱されていきました。

しかし、『分数ができない大学生』（一九九九年）が出版されるなど、「ゆとり教育」に対して、教育界以外から強く批判が出されるようになりました。その一つが通産省からです。その本の基礎データを作った調査費も通産省から出されました。日本教育学会で戸瀬信之先生をお呼びして講演の謝礼を払おうとしたら「他からもらっていますから」といわれたことがありました。「どこからもらっているのですか」と聞いたら、通産省からだということでした。経済界からも強い批判が出されていたのです。そして、遠山文科大臣の時に、脱「ゆとり教育」への転換となって現れました。この転換は、初等中等教育局長だった御手洗康さんには知らせていなかったようで、「あれは、大臣と次官の二人でやった。私は、二人が相談していることも知らなかった」と御手洗さん（後に、文部次官）は言っておられました。その後、文科大臣になった中山彬さんが、「徹底的に叩き込むことが大切だ」と発言し、さらに脱「ゆとり教育」が促進されていきました。それがまた、最近では、アクティブ・ラーニングという形で、子どもが意欲的に活動して、学ぶ教育が強調されてきています。

初志の会の三人の先生（長坂、重松、上田）に共通するもの

次に、初志の会の創設に関わった長坂端午、重松鷹泰《しげまつたかやす》、上田薫の三人の先生について紹介したいと思います。

まず、三人の先生の経歴で、共通したものが見られます。三人の先生に共通したものが素地となって、初志の

会の考え方が出てきているといってもいいと思います。その一つ目は、三人とも兵士として中国へ行っているということです。長坂先生は静岡師範学校の先生、重松先生は東京豊島師範学校の先生を経て東京都の視学官の時、三十六、七歳で補充兵として中国に行きました。上田先生は学徒出陣により仮卒業して、下士官見習いとして中国に行きました。戦争が始まってたくさんの兵隊が必要となりました。しかし、それを指揮する下士官が不足していたのです。大学生を見習い士官として急遽それに当てるためでした。

昭和二二年版学習指導要領社会科編（試案）に「各個人の人間としての自覚、あるいは人間らしい生活を営もうとするのぞみが、国家とか家庭とかの外的な要求に抑えつけられたために、遂げられて来なかった」とあります。これは、国民自身に対してだけではなく、中国の国民に対しても、また、兵隊だった自分自身にも強いられてきたことでした。その反省が共通しています。後でも話しますが、重松先生は、学習指導要領の作成に当たって、「騙されない人間をつくることを重視した」といわれていました。この思いも共有しています。

二つ目は、そういう経歴の中で、文部省に入ったことです。重松先生と上田先生が、昭和二一年九月に文部省に入省しています。そして、二二年三月に学習指導要領試案が出ています。ですから六カ月で作ったということになります。もちろん下地はあったと思いますが、あれだけのものを六カ月でまとめました。もちろん、自分たちだけで作ったのではなく、アメリカのいろんなチェックを受けながら作成したわけです。日本にもそれまでに新教育と呼ばれるものはありましたが、学習指導要領という全国版を半年で、二人が中心となってまとめたのが二二年版です。一般編は二二年三月で、社会科は五月に出ましたから、もう二月くらい後になりますが、約半年くらいで作成されました。

重松先生は二二年版をつくった後で、奈良女子高等師範学校（現在の奈良女子大学）の教授、附属小学校主事として行かれることとなり、その後を親友の長坂先生に委ねられ、二二年版補説と二六年版が長坂先生と上田先生とで作成されました。そして、二六年版が終わった時に、長坂先生は大学に就職せず、郷土長野の信濃教育会が運営する信濃教育研究所の専門所員として赴任されました。当初は所員一人でした。三年後、所長になりましたが、所員は数名にとどまっていました。そういう状態の民間の研究所に行かれるということに長坂先生の人となりが如実に表れています。なお、上田先生は、重松先生がおられる名古屋大学に赴任されることとなりました。

重松先生と長坂先生

三つ目には、三人とも最初から教育の道をめざしてきたわけではなく、挫折があって教育への道に入っているということです。重松先生と長坂先生は、旧制一高の同級生です。同じところに下宿していました。一高（現在の東京大学の前身）は、甲類は物理化学系、乙類は生物系と分かれていました。乙類は自然・農学・医学の分野です。乙類で長坂先生が一番、重松先生は四番で入学したそうです。二クラスあって、学年が八十人いましたが、常に五分の一以上にはいて、成績はかなり上の方だったそうですが、医学部には二人とも不合格になってしまい、ここで挫折を経験しています。

二人が不合格だった理由は、「思想問題ではないか」といわれていました。「こっそりマルクスなどの本を神田で買ってきて読んだ」と、後日、長坂先生からお聞きしたことがあります。なお、上田先生の家には、父親が裁判所の判事をしていたので、思想犯を裁くために、検閲で発売禁止にされていた本があったそうです。上田先生も、父親から咎められることはなく、それらの本を読んでいたという話もお聞きしました。

そういうこともあって、医学部不合格で、浪人生活のため高等小学校の代用教員として、重松先生は徳島へ、長坂先生は長野に行くことになりました。その代用教員の時、重松先生の父親が亡くなられました。重松先生は長野にいる長坂先生のところを訪ねて、「医学部はお金も時間もかかるから、今度、新しくできた東京文理科大学へ行こうと思う」と話したところ、長坂先生が重松先生に、「君は、学費や生活費を稼ぐために、アルバイトもしなければいけないだろう、それなら俺も東京文理大に入って、ノートをとっておいて貸してあげよう」ということで、二人で一緒に東京文理科大学に入学したそうです。

ある意味で友情ということもあったのですが、長坂先生自身も単なる代用教員をしていたのではなくて、教え子の卒業後の面倒を見たり、芸者の子どもがいると、「子どもを芸者にするな」と母親に掛け合ったりしていたそうです。いわゆるお妾さんの子どもを認知しない父親のところに行って「認知するよう」に掛け合ったりしました。受験勉強をしなければならないのに、夏休みに卒業文集を作ることもされていたそうです。また、修身の時間は、十五分でその日の学習内容が終わってしまい、後の残りの時間をもてあまして困ったそうです。先輩の先生からは、「適当に延ばせ」といわれたそうですがうまく行かず、とうとう一時間で三回分をやって、残りの時間は子どもたちに「アルプスの山の娘」とか「イワンの馬鹿」などの物語を読んで、修身の時間としていたそうです。校長先生もそれを許していたということです。

大正一三年に、川井訓導事件と呼ばれた事件が起きていました。修身の時間に教科書を使わなかったということで、川井訓導は松本女子師範をやめざるを得なかった事件です。昭和になると三・一五事件などが起こって、大変厳しい状況の中で、このようなことが許されていたということは、校長の才覚のお陰と思います。長坂先生は、そういうこともあって教育についての関心を強めながら、東京文理科大学に行かれました。

東京文理科大学には、師範学校や高等師範学校を出た、ある意味では教育づけの人が多くいたわけですが、重松先生と長坂先生は一高を出ていましたから、師範学校出身の学生とは、ちょっと合わなかったようでした。こんな教育学じゃだめだろうと、二人で文句をいっていたようです。だから、そういう文理大の人間ではない、違った毛色を持っていたからこそ、新教育の新しい体制に対応することができたではないかと思います。

上田薫先生

上田先生は、軍隊から帰ってきましたが、ポツダム少尉になっていたことが原因で、公職追放により大学はおろか学校に席を置く道は断たれていました。しかし、文部省に学習指導要領作成の事務官として入ることになったのだからおかしいです。どうして文部省に入れたのかいうと、武蔵高等学校生の時、後に教育大学の最初の学長になった務台先生と下村先生との出会いがあったからでした。普通は中学校で五年学んでから高等学校へ進むのですが、上田先生は、中・高一貫の七年制の武蔵高等学校出身で、永井道雄先生も一緒の同級生でした、上田先生は、そこで務台先生や下村先生に習っていました。また、文部省には、京都大学の哲学の出身者で、教科書課長をしていた石山修平先生がいました。この石山先生は、昭和二二年版の学習指導要領に関わり、後にコア・カリキュラム連盟の初代委員長になった方です。務台先生も下村先生も京都大学の西田幾多郎先生の弟子です。上田先生は西田先生の長女の息子さんで、西田先生のお孫さんです。そういうコネがあって、西田先生の孫が困っているから何とかしようということで、文部省に入ったそうです。また、上田先生が哲学を学びたいといったら、西田先生は猛反対されたそうですが、その時に上田先生の父親が武蔵高校を訪問して、務台先生や下村先生に相談し、二人の先生から「上田君は哲学に向いている」と言ってもらって、西田先生もやっと認めたということもあったそうです。

そういうわけで、上田先生としては、当面の職を得るために文部省にちょっとだけ勤める気持ちだったと思います。本当は、哲学の道に進みたかったのに、重松・長坂先生の下で、新教科・社会科の学習指導要領の作成・推進にかかわっている過程で教育への関心が深まり、教育の分野で哲学していく楽しみ、見通しが出てきたのだと思います。昭和二四（一九四九）年には、「これからは、自分は教育の世界で生きていこう」と重松先生に手紙を出すようになりました。重松先生もそのことを大変喜ばれたそうです。そうして二年後に、重松先生に誘われて名古屋大学に行かれることになり、重松先生と上田先生のお二人で、「思考体制の研究」「授業研究」など、初志の会の理論・実践の基礎となっているものをつくられました。

このように、三人が新しい民主的な社会を建設していく人材を育成する教育の核心となる社会科を創造しましたが、昭和三三（一九五八）年版の学習指導要領で、知識注入の教育へと転換させられてしまい、そこで、社会科の初志をつらぬく会を、国立教育研究所の大野連太郎先生とともに結成したのです。特に、上田先生の強い提唱で結成されたと聞いています。この一風変わった会の長い名称も上田先生がつけられたのでしょう。

社会科の初志をつらぬく会の「初志」とは？

次に、社会科の初志をつらぬく会についてです。まず、「初志」とは何かについて話したいと思います。初志の会の「初志」について、初志の会でも度々問題にされます。人によってかなり違います。「一人ひとりを大切にすることだ」という人もいるし、「問題解決学習のことだ」という人もいる。

重松先生は、「社会科の初志とは、騙されない人間を作ることだ」といっています。そのことから、「戦前の反省に基づき『騙されない人間を育てる』ことだ」という人がいます。また、「特設道徳」が設置されたことから、「徳目主義の道徳教育に反対することだ」という人もいて、どこに力点を置くかで変わってきます。そういう意味では、一人ひとり違っています。

また、初志の会の理論・実践も動いています。昭和二二年や二六年の頃の考え方が基本となっていますが、たとえば、「カルテ」「座席表」が生み出されて来たことにより、個を捉え、生かすことの意味・意義が深まるとともに、授業方法も大きく革新されました。「初志」の意義を個の育成の意義・在り方の側面から捉え、それが重視されるようになりました。上田先生自身も『知られざる教育―抽象への抵抗―』以来、『人間形成の理論』『ずれによる創造』などを刊行され、自分の考え方を深めてきました。上田先生だけが深めてきたわけではありませんが、会員たちが深めたものも初志の会の考え方だということになります。ですから、どこをもって「初志」というかということは、人によってかなり違うし、変化しつつあるということです。

しかし、その中でも、一番の原点となるのは、昭和二二年、二六年版の学習指導要領です。一応、これが原点になるものと私は考えています。先にも述べたように、初志の会がめざすものの第一は、戦前の教育の反省に基づいています。昭和二二年版の学習指導要領は「従来の我が国の国民の生活を考えて来ると、各個人の人間としての自覚、人間らしい生活を営む望みが国家とか家庭とか、外面的な要求に押さえつけられて、取り上げてこなかった時代があった」という反省に立脚しています。自分が自分らしく人間として主体的に生きていくという点、これが民主主義の骨幹でもあります。

現在、いじめの問題が大きく出ています。仲間に合わせられないと仲間はずれにされ、邪魔にされたり、いじわるされたり、「死ね」といわれたりする。そういう形で、自分が自分らしく生きられないような状態になっているということがあります。また、最近では「忖度」という言葉も出てきました。これまで「忖度」という言葉は、「非常にゆるやかな柔軟な考え方」という意味で使われていたと思いますが、今日では、忖度せざるを得ない態度を迫られたり、進んで忖度するという状態も出てきたりしています。緩やかではなく、窮屈になってきた。自分が自分らしくなくなる、強いられる状態になりつつあります。そういう点で、「自分が自分らしく生きていくということ」、そのことがたいへん大事なことであり、このことはしっかりと押さえておく必要があると考えます。

昭和二二年版、二六年版の学習指導要領の基になった考え方

では、「自分らしく生きていく」という教育の考え方は、具体的にはどういうことなのかということですが、

それは、自己が切実な問題であると感じたことを正面に据えて、主体的に問題の解決を図っていくということだと考えます。そういう意味では、昭和二二年版を基礎に発展した二六年版の学習指導要領で、「子どもの切実な現実の問題を中心にして」という表現が初めて現れ、育てようとする学力像も明確な形で表現されるようになりました。それは具体的には、四つの項目から述べられています。

一つ目は、「人々がそれぞれ、自分の納得できないことをしないようにしなければ、より良い社会にならない」ということです。つまり〝だまされない人間をつくるのだ〟ということであり、これが初志の会の原点です。具体的には、まず、「人間的であること」「自分が自分らしいということ」であり、「人格の尊厳」「自由を愛し個性を重んじて、寛容な精神で平和を愛し、真理の探究につなげていく」ということです。

二つ目は、統一の取れた人間であるということです。「自治・自律の思考」をすること、「絶えず自分の考えを検討し、深めて、純粋で統一なるものにする」ということです。〝右往左往する節操のない生き方ではない〟ということ、〝無条件に鵜呑みにするのではなく、わからないものはわからないと言える〟ということです。ある意味では、〝容易に納得しない物分かりの悪い人間になる〟ということであり、〝絶対的なものに擦り寄ってはいけない〟ということでもあります。それは「批判的精神を持ち、自律的で、一貫性があって、強固な信念を持ち」「謙虚に意見を求める」ということです。また、それらが結合していることが大切です。

三つ目は、「先進で明るい社会生活を営みたい」ということです。「建設的な意欲」「社会の連帯」「強固な責任感」「正義」が大事なのだということです。

四つ目は、「創造的な問題解決力」ということです。「あくまでも事実を追究してやまない」「ものごとを具体的総合的に考え、現実を生き生きと捉える」「科学的知性を備え、客観的、合理的な判断をする」「仕事に没頭しながら、たえず独断や偏見、形式化を排除する」「事態の急変に正しく対処することのできる沈着機敏な思考力と判断力」「困難に屈しない強靭な意思と持久力」「常に積極的な態度を有し、豊かな実践力があること」が挙げられています。

今日、思考力・判断力などが重視されていますが、きわめて抽象的で、今日の社会問題に鋭く切り込んで解決を図るような迫力がありません。先に挙げた四項目は具体的実践的です。次々と起こってくる問題をきめ細かく捉え、主体的かつ柔軟に対応し解決を図っていくには、四項目がばらばらにではなく、個々人がそれぞれ個性的に関連させ、統一された一貫性が重視されていることも貴重です。学力というと、一般に、獲得した知識の量や技術の修得の視点から考えがちですが、知識や技術の獲得によって、強靭な主体を育成することが大切です。一本の木を例にすると、知識は葉に当たる。幹から意欲的に枝を伸ばし、葉（知識）をつけ、炭酸同化作用によって栄養分をつくりだし、木全体をたくましく成長させるとともに、それを支える根を広げ強固にしていくことのできる営み（学び）となっていることが大切です。

新潟大学の研究室の調査結果から

その葉っぱばかりをつけようとしている教育がいかに問題かということについて、新潟大学の社会科教育の研究室が行った調査があります。一九八三年に行われた古い調査ですが、今日でも同じ状況にあると思います。

それは、小学校三年生から六年生に対して、「あなたが知っている歴史上の人物を（昔の有名人）をあげて、あなたがその人物について知っていること、知りたいことがあったら書いてください」という調査です。その調査では、六年生になると、知っている知識を書けた子の割合は急激に増えています。歴史の勉強をした成果です。

では、「もっと知りたい」という学習意欲の面はどうだったでしょうか。調査は、「知っていることをもっと知りたいこと」、「知っていることが起こった原因」「知っていることと関係ないこと」に分けて学年ごとの推移を明らかにしていますが、「知っていること（知識）を書いてくれた」子のうち、「知りたいことがない」と答えた子の比率が六年生になったら、格段に増えていました。

聖徳太子の場合は五二％で約半数。豊臣秀吉は六五％。徳川家康は六七％と、実に三分の二の子どもたちが「知りたいことがない」と答えているのです。先生方は、歴史の授業によって知識の量は増やしたものの、歴史に関心を持ち、もっと知りたいという意欲をなくさせてしまっているのです。歴史の授業によって知識を増やすとともに、それによって「もっと知りたい」と関心を持ち、本屋や図書室に行って伝記を求めたり、親に尋ねたり、テレビを視聴したりして、知識を増やし深めていく力を育てることが教育の目的です。枝つまり関心を伸ばして、葉（知識）をたくさんつけ、それを養分として幹を太らせていくことが大切なのに、ただ葉（知識）を糊でつけただけ、試験までもたせるような形でしか知識を獲得させていない教育となっているのです。

問題解決の「力」とは

大切なことは、子どもが切実に関心を持ったものを基にして、自分自身でそれを追究し、知識を獲得して、それを養分にして自分自身を太らせて育てていくのが「学力」であり、「実力」ではないでしょうか。

重松先生は、「〝実力〟とは、事態処理能力であり、問題解決の力である」として、次のように述べています。

「実力の内容となる、技能や態度・習慣や知識は、むしろ、行為の主体との関係において吟味されるべきだろう。それらの各々が、どれほど、主体の近くにあるか、どれほど主体自身の統制に従うようになっているか等等によって考えられるべきであろう。実力とは、むしろ、ある個人の性格であるということができないだろうか。なぜならば、性格こそは、土壇場において、つまり危機的場面において、主体の行為を決定するものであることが多いからである。そしてまた、虚偽でない力、身についた力とは、その人の性格を形成しているに違いないからである。」（『コア・カリキュラム』金子書房、一九五一年十一月号）。

単なる物知りでは問題の解決には役立たない。育てるのは、「学力」ではなく、「実力」であり、「事態処理能力―問題解決力」だということです。それは、「技能、態度、習慣、知識の各々が主体の近くにあり、主体自身の統制に従うようになっている〝力〟である」という重松先生の指摘は、極めて重要です。そして、「実力」は、「性格」となって現れるということにも着目したいと思います。それは、生き方となって表れてくるものです。特に、危機的場面において表れてくるという指摘は大切です。

確かに危機的場面において、その人の力量が露呈し、試されます。日頃、知識も豊富で格好良く振る舞っていたのに、事態処理ができずにあたふたしたり、日頃の言動を翻して易きにつく行動に走ったりする人がいます。逆に、日ごろ目立たない人が秘めた力を発揮して、問題に粘り強く正対して事態処理に当たる人もいます。このような危機的場面において、その人の人間としての真価・実力が露呈されてきます。

私が教育の目標にし、「初志」がめざしている「個性的で統一のとれた人間」の力の具体像を重松先生が明確に示してくれました。そして、それは子どもの切実な関心・想いに正対し、主体的で、個性的な問題解決学習によって育成されると考えます。

問題解決の力をどのようにつくっていくか①　―「座席表」に書かれたことから子どもの考えを捉える―

次に、その具体的な授業を、横浜の島本恭介先生の授業実践に基づいて述べていきたいと思います。この授業は、一九八〇年代中頃のものです。時間の関係で簡潔に述べていきます。

この授業は、小学校六年の歴史単元において、奈良・平安時代、危険を冒して遣唐使船によって中国の新しい文化や技術を取り入れ、社会の発展をもたらしたことを学習内容としていますが、それはその知識を獲得することだけをめざすものではありません。それらについての知識を「主体自身の統制に従うように獲得して、個性的で統一のとれた人間」として生きる力―〝実力〟―を育てていくことが大切です。

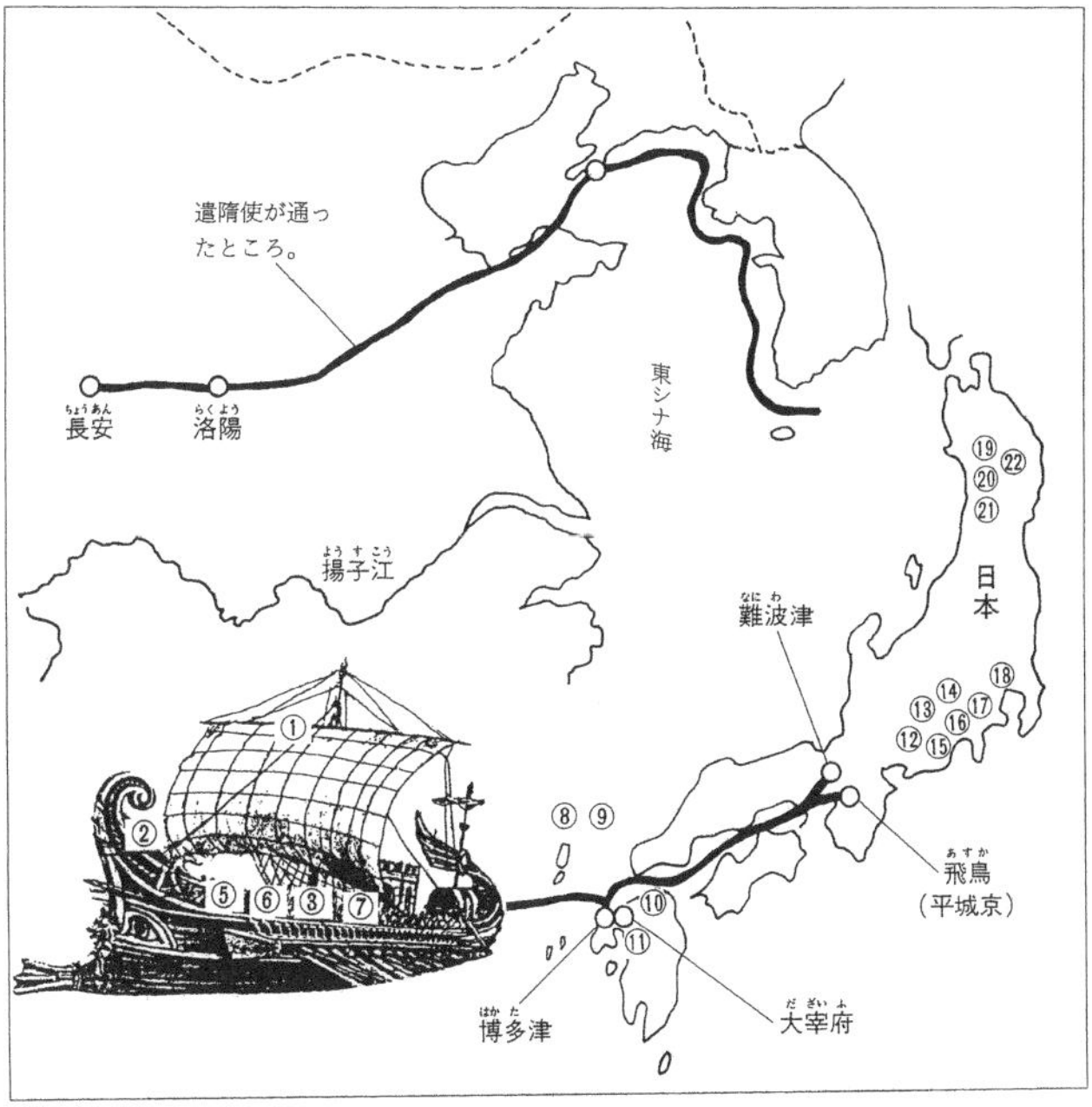

図1　児童が黒板の絵においたマグネット

この授業は、黒板に図1「中国と日本との間に遣唐使船の絵が描かれた大きな地図」（編集の都合で、遣唐使船を左下に移している）を貼って、「遣唐使船に乗って中国に行けといわれたらどうするか」のテーマで、名札マグネットを用いて、自分の意見を地図の上に置くことから始まりました。図1のように、「行く」という子は遣唐使船の上にマグネットを置いています。よく見るとマストの上や船の先頭に置いている子がいます。行くことに意欲的な姿が現れています。船の真ん中に置いている子は、そこは大使が乗るところで、一番安全だと思って置いています。行くことに不安を持って決断しているのです。「行かない」とする子は横浜から動かしていません。「行きたいけど迷っている」子は海の中や大宰府に置いています。海の中に置いた子は、行きたいと思って、港を出たけど怖くて乗船できなかったのでしょう。

興味深いのは、東北地方に置いた子がいた

表１　「遣唐使船に乗って中国に行けといわれたらどうするか」（座席表）

教　卓

A・E 私には、その気がないので行かない。	S・H 乗ります。どんな文化があるのかもどって日本に教えたりできるからです。	T・Y 乗る。中国へ行って漢字の勉強をする。船が来るまでその勉強をする。	W・K 行かない。殺されたり行く途中遭難したらいやだから。
G・N 家族とも別れなければいけないし、日本へ帰れないかもしれない。（例：阿倍仲麻呂）	U・K 僕は乗る。中国の言葉を覚え、日本に帰って漢字を日本人へ教えられるから。	M・N 乗らない。遭難したりして死んでしまう。帰るまで何十年も待つ。	H・K 乗りません。殺されたり帰れなくなったりするから。
M・M 乗らない。なぜかというと行く時に死んだ人もいるし、日本へ帰ってこれない人が多い。	K・T 乗る。阿倍仲麻呂のように帰れなくなるかもしれないが、唐の新しい文化を取り入れたい。	U・M 乗らない。何年も何年も帰りの船を待つのはいやだから。	N・K 乗ります。いろいろ勉強して、その勉強が役立てられるから。頭がよくなるとうれしいし父も喜ぶ。

T・H 行かない。殺されたり寂しいことがあったらいやだし、見知らぬ人の間で暮らすのはいや。	K・Y 行かない。遣唐使船は15～20年に一度しか来ないから、勉強が終わっても帰れない。	T・A 私は行く。20年も帰れないかもしれないが、いろいろ役に立つ知識が学べる。	S・W 行きません。言葉も通じないし、15～20年も日本に帰れないのはいや。	K・M 15～20年帰って来れない。遣唐使船の中で死んだ人もいたので、行かない。	O・T 何年間もいて、もしかして阿倍仲麻呂みたいに帰れなくなるといやだから、僕は行かない。
O・N 行きます。行くのはたいへんだし、15～20年も帰れないのはたいへんだけど、中国の文化を身に付けるのは楽しい。	K・Y 行かない。阿倍仲麻呂みたいになるのはいやだから。	A・T （欠席）	A・M 行かない。 ・何年間かいなければならない。 ・鑑真みたいに目が見えなくなったら困る。	A・Y （帰る時）何年も船を待つのはいやだから行かない。	

ことです。渡航を拒否して、天皇の命令に背いたら罰せられるから東北に逃げたのです。その子どもたちは、命令に背いたら罰せられたという事実を調べて知っていたのでしょう。

確かに、小倉百人一首にも載るほど有名な小野篁《おののたかむら》は、最後の遣唐使船の派遣となった八三四年、副使に任じられて渡航を図りましたが、遣唐使船団は台風の被害を二回も受け失敗しました。そして、三度目の出帆の時、大使は、自分が乗船していた第一船と、一番被害の少なかった、篁が乗船していた第二船とを交換することを命じました。篁はそれに怒って、病を理由に帰京してしまい、嵯峨天皇の怒りを買って死罪にされそうになりました。しかし、篁は和歌・漢詩に優れていて有名だったので、隠岐の島に流されたという事件が起こりました（その後に許された）。二度も危険な目にあったので、二人の留学生も逃げました。その二人も、本当は死罪にされるはずでしたが、佐渡ヶ島に流されました。

子どもたちがどこまで詳しく知っていたかは不明ですが、「天皇に任命されて副大使になったのに、それに背いたので、天皇に罰せられるのではないか」と考えたのでしょう。

話を名札マグネットに戻します。この授業は、遣唐使船の意義や危険について調べて発表し、単に知識を増やすものではありません。子どもたちは、「君たちだったら行くか」と問われ、決断を迫られ、土壇場に立った子どもたちの生き様、性格、事態対処の態度（知識を総動員し、かつ自分なりに統一して判断した結果）が現れています。問題に正対し、切実感を抱いて判断したのです。その結果が、マグネットの位置です。

前時の授業の最後に書かれた「振り返り」を「座席表」にまとめたものが表1です。この表を整理すると、図2のようになります。子どもたちの視点も知識も、また、それらの関係づけについても、多様であることがわかります。

「座席表」に書かれた子どもの考え（視点）と根拠（知識）を図2のように「思考関連図」にまとめてみますと、お父さんに喜ばれることや、家族と別れることなどの「家族との関係」、見知らぬ人と生活する不安などの「異

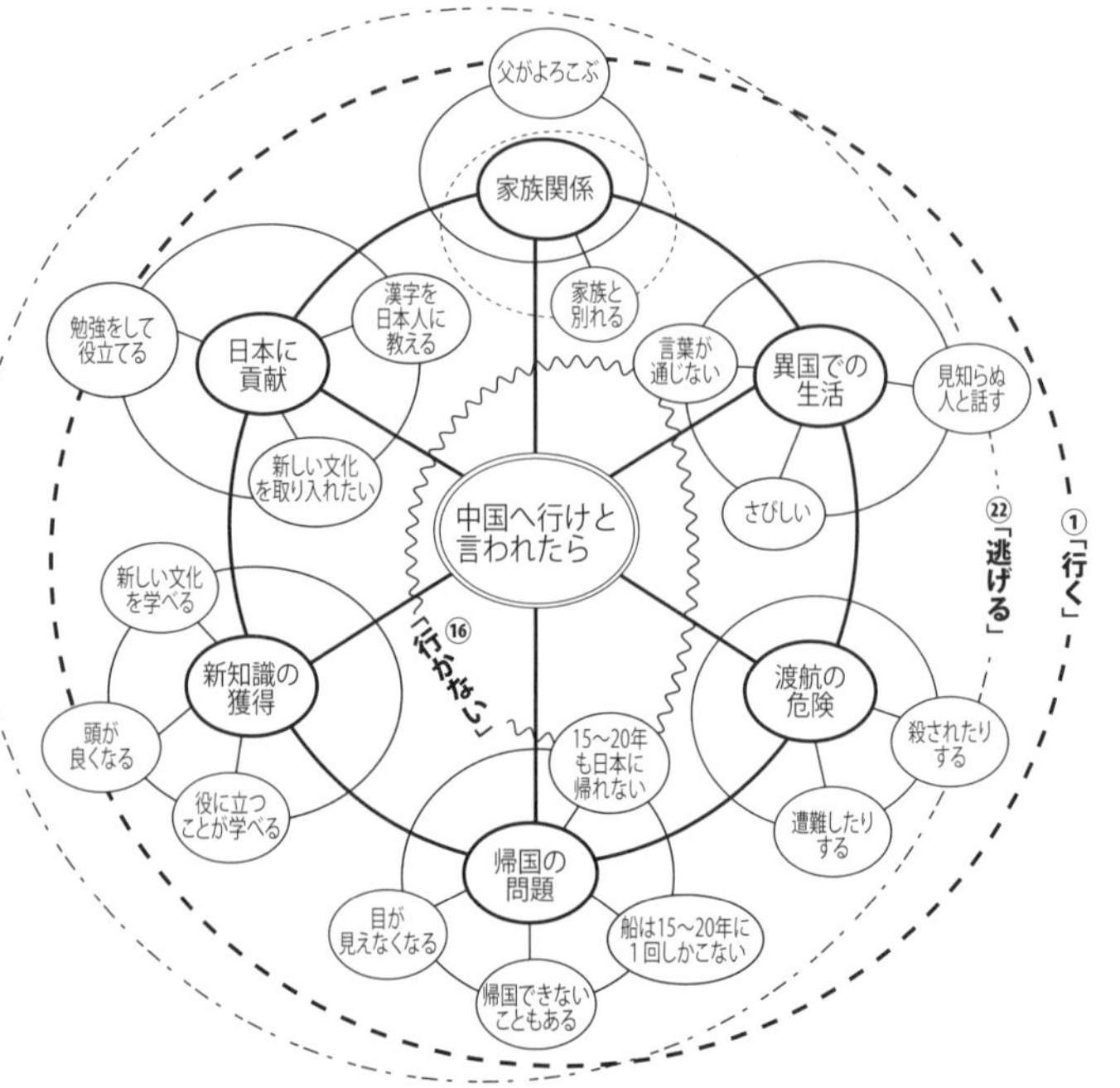

図２　「遣唐使船に乗って中国に行けといわれたらどうするか」（思考関連図）

国での生活」「渡航の危険」、二十年間も船が来ない、阿倍仲麻呂のように帰れないのではないかという「帰国の問題」、「新知識の獲得」、新しい文化を入れて「日本のために役立つ」という考え方など、遣唐使船に乗って中国に渡航することについて、多様な視点から、いろいろな根拠を基に考えていることが読み取れます。

　子どもたちは、もちろん、それらすべてを共有しているわけではありません。個人的に知っている段階のものもあります。授業の中で発言されていたけれど耳に入らなかったり、聞いても無視したりしたものもありましょう。子どもたちはいろいろな情報を得ていて、その得た情報を全部ではなく取捨選択し、軽重をつけて自分にとって重要だと判断した知識（情報―根拠）を一定の論理で関係づけ、その論理をマグネットの位置に表しながら自分なりの考え方をつくっています。この図から子どもの判断の背景にあるその子の考えを見ていくことが、その子を理解していくうえで大事なことになります。

既有の知識・体験と、それを生み出している成育史、家庭環境、性向、性別、生得的なものと関連づけているがゆえに、その表れは多様となります。それは、基礎・基本とされている判断（評価）においても同様です。たとえば、遣唐使船の渡航は危険で、帰還率は五〇〜六〇%といわれている知識を得ても、半々で危険だから「行かない」と判断する子もいるし、半々なら「行く」と判断する子もいます。このように、たとえ授業で同じことを知ったとしても、個々の子どもは獲得した多様な視点・知識を検討・選択し、軽重をつけ、一定の論理で関係づけて、自己の判断として、図2に示された①児の「行く」、⑯児の「行かない」、㉒児の「逃げる」のように、自己の考えを一定の論理でまとめて自己の判断としているのです。その具体的な表れが、マグネットを置いた場所に表れています。

問題解決の力をどのようにつくっていくか②　―個に即する学び―

このように、子どもたちはそれぞれ多様な視点・知識をそのまま一律に理解し、受容しているわけではありません。子どもたちはそれぞれ自己の立場から考え、発言し合い、自己の不足している視点・知識を補っていきます。また、自己の根拠とするものを検討し・確認し・補強し・修正して、自己の認識を再構成していきます。この営みが授業の役割であり、いわゆる基礎・基本の学びも、個々によって異なってくるのです。ゆえに、授業は、同じ内容のものを一律に習得していくものではありません。教師は、一人ひとりを奥深く捉え、個々の子にとって成長するために「今」必要としている学びを捉え、保障していく、そして、それは、個に応じた生き方―「性格」を鍛える役割を担っていることも強調しておきたいと思います。

そのことを次に具体的に話してみたいと思います。まず、図1で、遣唐使船のマストのてっぺんにマグネットを置いた①児で見てみましょう。彼は、「(中国で勉強すれば)頭がよくなる」「(頭がよくなれば)父が喜ぶ」「勉強して役立てる」ということを重視して、「行く」意思を強く示しました。その意欲的な態度は評価したいですが、危険を顧みず、猪突猛進の性向が心配されます。①児にとって「今」必要な学びは、三点あります。第一に、渡航に賛成の立場を堅持して、渡航の意義・情報(つまり基礎・基本とされているもの)をさらに調べ、かつその力を育て、渡航の意義について根拠を明確にし、相手にわかるように話をして、その発表力を伸ばしていくこと。第二に、「行かない」という立場の子から、渡航の危険についての情報(基礎・基本とされているもの)を基に反論されて、反対の立場の者から柔軟に学び自己の学び、を豊かにし、認識を再構成する機会を得ること。第三は、渡航の危険についての理解を深めて、改めて渡航の危険について調べ直し、自己の認識を再構成していくとともに、より慎重に物事を考え、行動していく力を育成していくことです。

反対に、⑯児のように「行かない」という立場の子は、状況を慎重に判断し、危険を避ける思考・行動をする点ではよいのですが、消極的で、他人任せの自己中心的な性向が心配されます。ゆえに、①児とは反対に、第一に、渡航の危険についての情報(基礎・基本とされているもの)をさらに調べ、認識を強化して、発信していく力を育てること。第二に、反対の立場の者から柔軟に学ぶ力も含めて、渡航の意義を主張している子たちから学ぶこと。第三に、慎重な性向を保持しながら、意義のあるもの、正しいものにはあえて挑戦していける力を育てることが、その子にとって「今」必要とする力ということになります。

㉒児のような「逃げる」という立場の子には、問題回避の性向が感じられます。渡航の意義・危険を再認識したうえで、安易に逃げない力を育てることが、「今」必要とされることになるでしょう。もちろん、場合によっては、「逃げる」ことも大切な選択肢です。しかし、逃げないで頑張ることも必要です。小野篁のように死罪とならずに助かったということもある。能力が優れていたから殺されないで済んだし、後に許されて活躍もできた。これらのことが今後の生き方のヒントとなります。なお、⑯児に対してもいえることですが、日本に滞在してい

ても、渡航する者に金銭援助をするとか、渡航者が心配しないように、留守家族の世話をしていくことなどを考えていくこともできましょう。

小学六年生で、どこまで学びの場とできるかについては検討を要しますが、授業に、各人の生き様が現れることが大切です。各人が、自分の生きざまをさらし合って（切実感を持って）、目的に向かって生き抜いていく知恵と勇気を獲得していくことも、教育の重要な役目であると考えます。

このように、知識等を活用し、コントロールして学び、問題解決の能力を個性的に育成して、「実力」を培っていくことが教育であり、初志の会がめざしている「初志」の理念であり、授業であると考えます。

■主な著書

『実感的なわかり方をめざす社会科指導』（横浜市立東小学校と共著）明治図書、一九八三年
『変貌する社会と社会科授業』（編著）日本教育図書センター、一九八九年
『社会科と生活科における国際理解教育』（編著）エムティ出版、一九九四年
『名札マグネットを使った〝討論の授業〟づくり―子ども一人一人に生きぬく力を―』（横浜市立山元小学校と共著）明治図書、一九九七年
『子どもに惚れる―今、教師の感性を問う』（共著）てらいんく、二〇〇一年
『問題解決学習がめざす授業と評価』（編著）黎明書房、二〇〇三年
『子どもの姿で探る問題解決学習の学力と授業―実感的なわかり方と基礎・基本―』学文社、二〇一五年
『社会科的使命与魅力―日本社会科教育文選―』（沈暁敏との共編訳著）北京・教育科学出版社、二〇〇六年

【解　題】

神永　典郎

市川博氏は、国民学校二年生の時に終戦を向かえ、四年生から三年間、師範学校で新教育の理論を学んだ新任教師から、戦後初期の問題解決学習の授業を受けている。高校二年の時に、戦前の作家・島木健作が「転向」したことについて読書感想文（原稿用紙三六枚）としてまとめて以来、その問題が氏の教育論の根底を流れており、「常に自己の在り方を問いながら、疑問に思ったことについては、ときの勢いに流されず、厳しい状況の下でも粘り強く、したたかに自己の信念を貫いて主張・抵抗していく力を大切にしたい」（『子どもの姿で探る問題解決学習の学力と授業』「あとがき」より）と考えている。

当初は、研究者として「中国におけるプラグマティズム教育の導入過程の研究」に取り組んだが、母校の東京教育大学の助手として戻った際、同時期に着任した上田薫氏より社会科の初志をつらぬく会への参加を勧められ、一九七一年に同会に参加して以来、子どもの視点に立った授業の実践研究に取り組んでいる。また、日本社会科教育学会の会長や、社会科の初志をつらぬく会の会長も務めた。

授業の実践研究では、横浜市立東小学校での『実感的なわかり方をめざす社会科指導』（一九八三）や、横浜市立山元小学校での『名札マグネットを使った「討論の授業」づくり』（一九九七）が代表的なものである。また、二〇一五年には、問題解決学習の基礎・原点、手法をまとめた『子どもの姿で探る問題解決学習の学力と授業―実感的なわかり方と基礎・基本―』（学文社）を刊行している。氏はこの中で、「子どもの関心・実感の中に成長の芽があり、それを生かすのが教師の目」を根底におき、学びの原点である「実感的にわかる」ことと、学びの内容であり目的とされる基礎・基本を両輪として、問題解決学習のあるべき姿を示している。

市川博氏とフロアとの応答

フロア：「社会科の初志をつらぬく会」の設立当時、「コア・カリキュラム連盟」との交流はありましたか。

市川：コア・カリキュラム連盟（コア連）は、総合的教科として社会科が新設された翌年の一九四八（昭和二三）年に結成され、初志の会とは基本的には同じ理念に立っていました。しかし、それは初志の会の創設より十年前です。文部省で課長として社会科の発足にもかかわった石山修平先生は、東京文理科大学（一九四九年から、教育大学）に教授として移り、コア連の発起人・委員長となり、同じ職場にいた梅根悟先生（東京文理科大学第二回卒業生）とコア連の活動の中核となって活躍しました（梅根先生は、当時、西洋教育史教授だったが、岡山師範学校の青年教師だった二十歳のはじめに、ソ連の建国時に推進された教科結合のコンプレックス・システムについての資料を集めるなど、総合的な学びに若い時から関心を寄せていた。また、茨城師範学校附属小学校の主事、川口中学校の校長なども務めた経験がある）。梅根先生の一期先輩である長坂先生・重松先生も、コア連の発起人十人の中に名を連ねています。「上田さんを誘ったが、参加しなかった」と聞いたことがあります（しかし、梅根先生とも仲がよかった。検定不合格となり、刊行はとりやめたが、大日本図書の社会科教科書の編集を共にしたりした）。だから、創立当初は、志は同じだったと思います。先に紹介した重松先生の「実力」についての論考もコア連の機関誌『コア・カリキュラム』（一九五一年十一月号）に寄稿したものです。梅根先生は、教科の枠を外したコア・カリキュラムを推進していくことを提唱していましたが、長坂先生は、教育の現場では難しく、社会科という枠の中で推進していくことを提唱し、その論争（対談）が『コア・カリキュラム』（一九五〇年二月号）に掲載されました。

しかし、コア連は、牧歌的教育だったと反省し、一九五三年に革新的な日本生活教育連盟（日生連）に変わっていったため、長坂・重松両先生は会からは遠ざかっていきました。長坂・重松両先生は、昭和三三（一九五八）年版学習指導要領が拘束を強め、知識中心の教育施策に転換されたことに反対して、初志の会を結成しました。政府の文教政策に反対する点では同じですが、これまで述べてきたように、初志の会は、あくまでも学ぶ子どもの視点から教育を捉え、個々の子どもの学びを尊重し、発展させていくことを重視していくことに力点を置いています。

フロア：問題解決学習に取り組む先生方の現在の状況について、どのように捉えていらっしゃいますか。

市川：会員は小学校の先生方が多いですが、小・中・高校とも授業において、系統的一律に知識を詰め込んで型に嵌め込む教育ではなく、個々人に即して、問題に正対し、納得する形で知識等を獲得し、個性的に統一した強靭な主体を形成するという点で、基本的に違いはないはずです。しかし、小学校は全教科の授業を基本的に一人の担任が行いますが、中学以降は教科担任制で、受験にシフトし、教育内容を系統的に教える傾向が強く、教え込みの授業となっているのが現状です。なお、長野・愛知県等の中学校や国立大学教育学部の附属中学校では、問題解決学習を進めているところもあり、初志の会の全国・地区研究集会では、中学部会が開かれ、心ある先生方の学びの場、情報交換の場となっています。

特に最近は、小学校も教える内容が多くなり、先生方の時間的余裕もなくなって、問題解決学習をすすめることが難しくなってきています。全国学力テストのこともあって、問題解決学習を進めようとすると、「進度が遅れる」、「学力低下を招く」として、校長や同僚から批判を受ける先生もいます。夏休みも校内外の研修で、初志の会の研究大会にも参加しにくくなってきています。初志の会は、多い時期は二千人以上の会員・誌友がいましたが、今は、千人を切っています。しかし、教育の現場が厳しい状況にあるからこそ、教育の原点をなくしてはいけない。少数派にならざるを得ませんが、それだからこそ、心ある者が初志をつらぬいていく必要があります。

今日、アクティブ・ラーニング、対話的学び合いなどが奨励されていますが、教育の原点を深く掘り下げないで、形だけのものが横行しています。「深い学び」も脚光を浴びていますが、格好良いスローガンばかり飛び交っています。初志の会のメンバーは、先に挙げたような実践で、「深い学び」については、その用語は使いませんが、理論的実践的な研究を以前からずっと積み重ねてきました。

フロア：問題解決学習の「問題」について、切実な問題であることや、問題解決学習における「振り返り」についてなど、先生のお考えをお聞かせください。

市川：なぜ、切実な問題に正対しないといけないのかということについては、三つの理由があります。

その一つ目は、切実な問題に正対しなければ、自分のものにならないということです。切実なものにのめり込み、全力投球することによって、自分をさらけ出し、多角的に、かつきめ細かくリアルに問題解決に当たることができます。問題追究のエネルギーも出てきます。それによって、真の主体・個が育つと考えます。自分のものは自分でつくるものだということです。中学校や高等学校でも、本当に分かる授業、知的な関心を引き出すような授業を行うことが大切と考えます。関心を引き出し、学ぶことが好きになるようにしていけば、自分で自分の道を探り、めざす方向に向かってエネルギーを出して取り組んでいきます。自分の生き様を思いっきり出して学び、納得する学びを重視し、自分の考え方を究めることで、将来に生きる学びにつながるのだと思います。受験体制の厳しい今日でも、そうした学びのチャンスを作ることはできると考えます。

二つ目は、自分の問題に正対することによってのみ、真実に迫る発見・開発などをもたらすことができるということです。自己のやりたいこと、正しいと思った信念をつらぬくことでもあります。天動説が常識とされた時代、ガリレオは天体観察に正対して地動説を生み出していきました。そうした基礎を培うのが教育です。

三つ目は、自己をつらぬいていくことです。それは、真実を解明するということです。このことは、よりよいものを生み出す原点ですが、独善に陥る危険があります。そうならないために、私たちは互いに自己を打ち出して、ぶつけ合い、自己の在り方を振り返り、確認・修正などをしていくことが不可欠でもあります。互いに練磨していくためには、個をさらけ出し、自己にとって切実なものをさらけ出していくことが大切です。

「振り返り」は、授業でわかったこと、疑問に思ったこと、考えが変わったことなどを確認・整理するために必要です。もちろん、振り返りに書かれる内容は一律ではなく、多様です。多様でなければ、型に嵌めた授業だったことになります。なお、書き込みが詳しくなっていたり、その子らしさが出てきたりするような「振り返り」が大切です。また、「振り返り」は、教師にとっても、本時の授業が個々の子どもにとって如何なる意義をもっていたのか、理解が不十分なこと、誤解していること等々を把握する手がかりとして大切です。しかし、その前提として、子どもが振り返りたくなるような授業をしていくことが重要です。

なお、「振り返り」は、次に何をどうしていくかが明確になり、そのエネルギーを生み出すものとなることが大切です。授業の最後に「振り返り」を書くことが多いですが、子どもたちが授業の終わりに、次の時間に何を明らかにしたいかが見えてくるような「振り返り」ができることも期待したいです。先ほど、紹介した遣唐使船の授業の終わりに近くなった時、「じゃあ先生、自分が鑑真なら日本に行くか行かないか、次の時間やろうよ」という発言が出て、「面白そう」「賛成」「やろうよ」「行く」「絶対行かない」と騒然となって、次時の学習テーマが鑑真の日本渡航について行うことが決まりました。そして、子どもたちは、「振り返り」の用紙に、遣唐使船の意義と危険のことを思い出し、本時を振り返りながら、自分が鑑真ならどうするかを書き込み、鑑真の日本への渡航について、自分は帰宅後どう調べていくかを書いて、次時に臨みました。

フロア：昭和三三年の学習指導要領では、なぜ系統的な学習が必要とされたのでしょうか。また、なぜ「地べたを這いずり回る社会科」は否定されたのでしょうか。時代状況を踏まえてお話しください。

市川：戦前の注入教育から一転して、「子どもに即し、子どもの切実な問題解決によって、将来、役立つ学力がつく」と学習指導要領に書かれていても、先生方はそのことを理解できないし、どうしてよいかわからなかったと思います。しかも、コア・カリキュラムで進めるとなると混乱は高まり、学力低下批判が出てきたのも仕方なかったかもしれません。実際、子どもに即することに力点が置かれて　結果的にただ活動させているような授業も行われていました。ゆえに、従来の系統的に教え込む教育が必要だという声が出てきました。しかし、一方で、新教育への理解も深まり、実践も改善されていきました。二六年版は、社会科発足以来、理論と実践を積み重ねられてきた成果です。それを踏まえてさらなる発展が期待されたのですが、一九四九年に社会主義国の中華人民共和国が建国され、労働運動や反米運動が高まり、反共産主義へと民主化施策の転換が図られ、修身復活の意見も出るようになりました。

上田先生は、道徳を特設しないで進めていく形で学習指導要領を作成するために、当時の天野貞祐文部大臣（京都大学哲学科卒業。西田幾太郎先生の直弟子ではないが、学習院大学教授就任の際に世話になっている）とコンタクトをとって、それを苦労してまとめられたそうです。ある意味では、二六年版の学習指導要領は、戦後の民主化教育とその転換との狭間の中で作成されたともいえます。しかも、長坂先生・上田先生とも、その作成を終えたら文部省を去りました。その後、新教育に対する学力低下論がさらに高まり、教育内容を系統的に教え込む教育とともに、民主化に逆行する施策も展開されるようになりました。ゆえに、従来のような単に子どもに即する牧歌的な教育ではだめだ。民主化を推進する教育、民主化を転換しようとするものに抵抗していく教育へと運動の方向を変え、一九五三年に、コア・カリキュラム連盟は、日本生活教育連盟（日生連）へと改名されました。また、このほかにも、文部省の系統主義的教育に反対して、学問の成果に基づく教育内容を科学的系統的に教授する教育を提唱する民間教育運動も展開されていきました。

このように、子どもに即して自主的主体的な学びを重視する教育から、国家・社会の要請によって教育内容を系統的に教えることを重視する教育へと変えられていくといったことは、戦前から繰り返されてきました。「ゆとり教育」は、今日でも批判されていますが、一方で、優れた実践も展開されていました。私が紹介した島本実践も八〇年代のものです。「ゆとり教育」を全面否定するのではなく、そこに問題があれば、その点を改善する施策を推進していくことが大切です。そして、教育の現場も、節操もなく、施策の転換にすぐに迎合して、振り子の振り幅を大きくしています。施策の転換に真っ向から反対することはかなり勇気がいりますし、難しいでしょう。しかし、「ゆとり教育」の実践の中で積み重ねられてきた成果を生かしていくことに心がけ、したたかに、また柔軟に抵抗していくたくましさが必要です。

現場の研究会では、「深い学び」「学びに向かう力」「人間性」「汎用力」などの格好の良い言葉が出されていますが、具体的にはどういうことなのかが問われず、学習指導要領解説や解説本に書かれていることを書き並べただけで終わっています。それらが具体的にはどういうことなのか、授業の記録をきめ細かくとり、分析するなどして、子どもの学びの姿、授業の姿で表し、理論的・実践的に明らかにしていくことが大切です。それによって軸足を強くし、振り子の振幅を可能な限り少なくし、未来からの留学生である子どもに対して、教育者としての責任を果たしていって欲しいと願っています。

第2部

これまでの教育実践から何を学び、これからへ向けてどう生かすか

教師たちの「自恃」を支えた思想
——上田薫の思想の教師論としての意義——

藤井 千春

1 「大槻—上田論争」

昭和三十年代後半、教育科学研究会の機関誌『教育』において、同会のメンバーと上田薫との間で一連の論争（「大槻—上田論争」）が展開された。

この論争は、後に坂元忠芳によって「態度主義」論争と呼ばれた（『子どもの能力と学力』青木書店、一九七六年）。上田の側からは「教育と認識」論争と呼ばれている（上田他編『社会科教育史資料4』東京法令、一九七七年）。

論争は『教育』一九六二年八月号に大槻健の「社会科教育における経験—態度—人格主義について」という論文が掲載されたことから開始された。この論文で大槻は、社会科の初志をつらぬく会（一九五八年結成）の中心メンバーである長坂端午の社会科教育論を「態度主義」として批判した。病気療養中であった長坂に代わり、上田が同誌同年一〇月号に「何を知識不振というか」という反論の論文を執筆した。その後、論争は『教育』誌上で、吉田昇、滝沢武久、矢川徳光、大橋精夫も加わって展開された。

この論争はどのような意義を有しているのだろうか。それぞれの主張は、教育現場の具体的な問題からは離れたものであった。「科学」やそれを「教育」することをめぐり抽象的な水準での論争が展開された。藤田昌士は、この論争の意義について「総じて『科学と教育との結合』と言われることの意味把握の深まりを促すものであった」と論じている（今野喜清他編『日本教育論争史録第四巻現代編（下）』第一法規、一九八〇年）。また、この論争では、それぞれが戦前の教育に対してどのような点を批判しているのか、また、それに基づいて戦後の教育のあり方としてどのような点を重視しているのか、に対する相違が明らかになっている。

つまり、この論争は、プラグマティズム的な教育論とマルクス主義に基づく教育論との代理論争という性格を有している。そのため論争はすれ違いに終わり、生産的な一致点は生み出されていない。しかし、論争を通じてそれぞれの立場と主張は対立的に明確化されている。この論争は、現在では、わが国の戦後教育界の一時期の特徴的な状況を反映している、いわば史的意義を有するものにすぎないともいえる。

しかし、本稿では、この論争における上田の主張を「教師としての生き方」という観点から再検討する。これまで上田の教育思想の意義については、問題解決学習を通じての子どもの人間形成という観点から検討されてきた。しかし、この論争における上田の主張を、第一に、昭和三十年代という戦後教育の転換直後の教育界の状況を背景として検討した場合、そして、第二に、そのような状況を生きた教師たちにとっての価値を考察した場合、上田の教育思想が教師たちに示した独特の教師論を浮かび上がらせることができるのではないだろうか。このようにして、戦後教育の転換直後の状況における「教師としての生き方」という観点から、上田の教育思想の戦後教育実践において果たしてきた意義を明らかにする。

2　論争の開始―大槻健による批判

大槻は、『教育』（一九六二年八月号）の「社会科教育における経験―態度―人格主義について」で、文部省の社会科教科論を「態度論でしかない」と批判し、戦中の「国民学校時代から一歩も抜け出していない」と論じている。

そのうえで次のように述べている。

権力の提示する教科論は、態度をやしなうことに究極的なねらいをおいて、その限りにおいて必要な知識を、子どもたちに与えようとするものである。（中略）態度の先走りする路線の枠の中でのみでとりあげられる知識は、必ずしも科学的法則性の検証に耐える必要はない。要するに態度が大切なのだから、という理由で、知識内容の厳密さは二の次にまわされるのである。

大槻によれば、戦前の学校教育は「皇国ノ使命ヲ自覚」させるという「神秘的な『精神教育』」であった。「知識」が軽視されて「態度」が重視された点に戦前・戦中の学校教育の誤りを指摘している。そして、「徹底的に科学と教育を結び付けてみることの方が、今日大切なのである」として、次のように述べている。

教科の指導をとおして、子どもたちの間に養わなければならない知識は、したがって、科学的法則に至るのに必要な知識としてあるのであり、どんな知識であってもよいということではない。

いうまでもなく、ここで大槻のいう「科学」や「知識」は、マルクス主義の唯物史観に基づくものである。大槻は、マルクス主義の唯物史観に基づく「科学的な知識」を、社会科で子どもたちに習得させることを主張した。

大槻はそのような観点から、長坂端午が『考える子ども』（第3号）に掲載した「社会科の本質」についての考え方を、「文部省のそれと、実質的にかわりがない」と批判している。大槻は、長坂の論旨を「社会科教科論の本質は『生き方』に中核があり、その『生き方』を幸福にするための外的条件を、社会の諸事実に即して学んでいくことにある」と捉えている。つまり、大槻は、長坂の社会科教科論が、個人の「生き方」という「態度」に基づいて、「外的条件」に関する「知識」を学ばせることを主張していると理解している。マルクス主義者である大槻は、「科学は、自然や社会の実在を、記号＝シンボルにかえて、そのシンボル相互の論理を取り扱い、体系化することによって発達してきた」と考えている。大槻には、長坂の主張はプラグマティズム的な相対主義に陥っていると思えたのだろう。マルクス主義者にとって「知識」とは、実在の世界の「真理」について人類が蓄積してきた文化財である。そのような「知識」の体系を、個人の「生き方」などの態度をバイアスとせずに、「科学の体系」として習得させることが、正しい社会認識を形成するうえで重要なのである。

大槻が所属していた教育科学研究会は、「搾取と圧迫から解放された世界の実現を希求する」との立場で一九五一年に結成された。この論争の当時、同会はマルクス主義のいう「科学的知識」を系統的に習得させていくことを強く主張していた。一方、長坂は、重松鷹泰、上田、大野連太郎など、いわゆる昭和二十年代の「初期社会科」の学習指導要領の作成者とともに、文部省の系統主義社会科への転換に抵抗して、一九五八年に「社会科の初志をつらぬく会」を結成した。『考える子ども』は同会の機関誌である。同会は、戦前・戦中の「修身」における徳目の注入に対する批判に基づいて、子どもが「実生活の中で直面する切実な問題を取りあげて、それを自主的に究明していくことを学習の方法とする」ことにより、「理解と、態度と、能力とが一体になるように身につけさせようとする」（「昭和二六年版小学校学習指導要領社会科編（試案）」）という問題解決学習による学習指導の継承をめざした。そして、「系統主義の知識教育、徳目主義の道徳教育」に反対し、自主的に判断して行動できる「個」の育成を主張した。

このようにそれぞれの会は、戦前・戦中の教育に対する批判の焦点については、その教育内容の非科学性と態度主義（教科研）vs. 知識や態度の注入主義（初志の会）というように、また、戦後の教育の在り方については、科学的な知識の教授 vs. 自主的な思考と態度の育成―というように対照的である。一九五〇年代後半から六〇年代前半における文部省の復古主義的な政策、マルクス主義教育学、終戦直後の教育政策の継続を求める立場という三つ巴状態における、そのうちの後の二つの立場の間での論争であった。

3 論争の展開―上田薫の反論

大槻の批判に対して、病気療養中であった長坂に代わり、上田が『教育』の同年一〇月号（「なにを知識不信というか」）と一一月号（「教育と科学」）で反論した。

上田は、初志の会が「知識と態度を切断しがたいとみるところに社会科の本質的立場を置いている」と述べている。ここに「社会科学者に対する教育学者の主体性」があると、大槻に対抗する自らの立場を打ち出している。上田によれば、「社会科学を真に教育に正しく生かすための教育内容の研究こそ今日の心ある教育者の最も重大な課題」なのである。

上田は、「知識と態度が切断しがたい」ことについて、次のように説明している。


子どもになにかを与えるということは、子どもの個性的理解を媒介することによってのみ成立する。上田によれば、子どもは知識を与えられれば、それがそのまま書き込まれていくような白紙ではない。それぞれの子どもには、知識を理解して自分で使用するための個性的な「思考体制」が形成されている。この点で「知識と態度が切断しがたい」のである。個性的な「思考体制」とその発展の方向を無視して、「知識を教える」ことはできない。

上田は、「教育とは、子どもの発達をみちびくことであって、論理的につじつまのあう目標や内容を整えることではない」と述べている。上田にとって、教育とは、「子どもがすべての知識を位置づけるかれ自身の個性的な体制」を発展させること、つまり、「子どもがそれ［知識―筆者注］を系統的に働かすことができる」ようにすることなのである。いうならば、それぞれの子どもに自らの主体的・個性的な生き方を確立されることであり、自らの生き方に基づいて知識を働かせることができるようにすることである。それぞれの子どもの生き方において「知識を系統的に働かす」ことが重要なのである。

しかし、大槻にとって、「思考体制」など「子どもの側の受け入れ態勢」を問題とすることは、「科学や客観的法則を一切放棄した暴力的な学習論」であり、「自己の支配体制を容易なものにしていこうとする敵性理論に、味方するもの」であった。当時のマルクス主義教育学者たちにとって、人間の歴史的な経験を通じて検証されている知識系統を真理として習得させることが教育なのであった。そのようにして、教科研の希求する「搾取と圧迫から解放された世界の実現」に向かう人間を育成できると考えられた。このため社会の発展の方向を正しく示した科学的な知識体系を子どもたちに習得させることが、社会科という教科の課題となった。

それに対して上田は、自らの責任で主体的に考え判断することのできる人間の育成が、軍国主義・超国家主義を克服して民主主義社会の建設のために不可欠であると考えた。このため自らの責任ある意思決定のために知識を使用できる人間の育成を、社会科という教科の課題とした。したがって、上田から見れば、大槻の主張は「科学尊重という美名によって、このような一方的屈従関係をつくりあげ、それを子どものところまで押しつけるということ」なのである。このような「知識」の「押しつけ」は、戦前の「修身」における「徳目」の「押しつけ」

と変わらず、「知識」を自らの「思考体制」に基づいて使用するという主体的・個性的な人間の育成の妨げとなる。

このように上田は、問題解決学習を通じて、実生活で直面する切実な問題を追究するという経験を通じて、自らの必要に基づいて知識を求め、知識を使用し、「思考体制」を発展的に再構築していく学習活動を重視した。主体的・自律的に知識を求めて使用できる人間の育成が教育なのであった。この点に、マルクス主義科学の知識体系の教授を教育と考えた大槻の主張との対比を見ることができる。

4　論争の発展―イデオロギー論争

上田は第一の反論に続いて「教育と科学」で、マルクス主義の科学についての考え方に対する批判的検討を行っている。ここで上田は、大槻の「徹底的に科学と教育とを結びつけて見ることの方が、今日大切である」という表現を意識して、「教育と科学」と表現して「教育」を主体に、その立場から「科学」について検討している。

上田は、大槻の科学に関する論述について、「科学をきわめて静的なものととらえている」と批判している。上田にとって「科学」は「手がかりとして自覚されつつ具体的に働く世界においてのみ意味を持ち発展する」ものである。つまり、知識は、現実世界における問題解決という人間の具体的な活動において、解決のための「手がかり」や道具として働くことによって価値をもち、また、それを通じて改良的に発展する。だから、それまでの問題解決で有効であると証明されてきた知識であっても、現実世界における問題解決においては「あるはばの範囲内で屈折するのがほとんどの場合」なのである。それにもかかわらず知識の客観性・絶対性を主張することは、無批判的に「過去を未来に流しこもうとする」ことである。それはそのような「独善に科学の名が利用」されることであり、それによって「子どもたちの未来の可能性は無残に踏みにじられてしまう」のである。

もとよりマルクス主義の唯物史観は、歴史の法則的な発展の必然性を前提とし、それに人間が抵抗することはできないと主張している。人間には、その法則を知り、その法則の進む方向に生きるという、「進歩的」な生き方ができるのみである。上田の論述は、そのようなマルクス主義の有する権威主義的な性格に対する、人間の主体的な努力による社会改良の可能性と必要性を主張する立場からの批判といえる。

そのような立場から上田は、「教育の系統は未来性を含む系統である。それゆえそこではかならず主体を媒介するのである」と述べている。具体的な問題解決を通じての「思考体制」の発展的な再構築において、その過程で習得され使用された知識がその子どもにとって意味を持つものとなる。この点で「目標がたんに過去を未来に流しこむ性格のもの」であるならば、教育は科学に隷属したものとなる。「目標」とする知識を、子どもの「思考体制」の個性的で発展的な再構築という、「主体を媒介」として「間接化」することに、科学に対する教育の主体性が担保されるのである。

この後、論争には矢川徳光、大橋精夫、吉田昇、滝沢武久が加わって展開された。

矢川徳光は、『教育』一九六三年一月号（「科学と教育とはどのようにかかわり合うのか」）で、上田の主張が「弁証法的唯物論に対する嫌悪からもきている」と述べている。そしてレーニンの「あらゆる知識の相対性と、認識の一歩前進ごとにふくまれる絶対的内容」という言葉に基づいて、「弁証法的唯物論では、人間の認識の発展にともなって、絶対的真理も発展するとされる。相対的真理と絶対的真理とをその発展において統一的にとらえるのが、弁証法的唯物論の方法である」と述べている。そして、大槻に対する上田の批判を、上田の弁証法的唯物論に対する無理解に基づくものと論じている。

また、大橋精夫は、同誌同年二月号、四月号（「科学と教育」）で、同様に「科学的認識が相対的なものと絶対的なものとの統一である」という弁証法的唯物論の立場から、上田に反論している。大橋は、科学的知識が絶対的な真理ではないこと、しかし、それを認めることが相対主義ではないことについて、次のように説明している。

科学的認識、したがってまた真理は、むろん、人間から独立して存在するのではない。人間が、いうまでもなく、認識主体であり、そして人間なしには何らの認識もなく、真理もあり得ない。しかし、科学的認識の内容は、人間に依存しているのではない。科学によって認識される客観的実在は、あらゆる認識から、人間から独立して存在する。

つまり、科学的認識は人間を主体として成り立ち相対的なものであるが、その認識の内容は客観的実在についての絶対的なものであるという。その点で、大橋は、人間の認識は「客観的実在を近似的に反映している」と主張している。

このように矢川と大橋は、大槻の科学についての捉え方に対する上田からの「不可知を克服しうる前提に立つ学問は神学であって科学ではない」、「絶対主義者」という批判に反論するものであった。弁証法的唯物論に基づいて、知識は絶対的ではないものの、そこには客観的実在が反映されていること、すなわち、相対主義に陥っていないことを説明している。大橋から見れば、上田の論は「個人の自由意志」による、客観的実在とは関係をもたないという意味での相対主義を主張するものであった。

一連の論争は、上田が同誌同年四月号（「認識と実践の問題」）で、「科学体系が『一』ではなく、『多』である」という、マルクス主義とは異なった科学の在り方について論じることで閉じられた。上田は自らの「動的相対主義」について次のように説明している。

動的相対主義は明らかに懐疑論ではないのである。真理の相対性を主張することは、決して一切の秩序を否定するものではない。むしろ、価値を目ざそうとするすべての主張が相対性をまぬがれえないという平凡な事実に根拠をおくにすぎない。

上田のいう「思考体制」の個性的で発展的な再構築を通して育成される個人とは、自己の統一的な主体性と個性を維持しつつも、柔軟に自己を成長的に変容させることのできる人間である。そのように成長する動的な主体において、知識は習得され活用されるのである。動くのは人間という主体の側であり、その発展的な動きに応じて知識もその個人に対する働きや価値を発展させるのであり、そのような点で相対的なのである。そのような観点からは、「マルキストはなにゆえにそこに絶対的真理なるものをもちこまなければならないのか」が疑問となる。弁証法的唯物論は、人間の認識の「近似」という意味での相対性を認めてはいる。また、知識は個人の経験を通じて認識されると述べてはいる。しかし、客観的実在についての「真理」と「近似」的にではあれ一致する知識が認識される経験しか、価値ある経験として認められない。人間の具体的な経験や認識に先立って、どのように経験や認識が「真理」への漸近なのかは決定されている。この点で絶対主義なのである。

論争はこのように、マルクス主義の弁証法的唯物論と上田の「動的相対主義」との間での学術的・イデオロギー的な水準での論争となった。確かに上田の立場をプラグマティズムと分類することは適切ではない。宇佐美寛は、上田の文章について「旧い哲学の実念論的言語主義の言語形式においてなされているので、論理的に背理を生じ、経験的なものの重視は中途はんぱなままに終わらざるを得ない」と評している（『教育において「思考」とは何か』明治図書、一九八五年）。しかし、上田は「初期社会科」の学習指導要領の作成の担当者であり、ヴァージニアプランをはじめアメリカの社会科を調査する過程で、デューイの教育論に触れていたことは確かであろう。

この点で大槻をはじめ教科研側からの論述は、終戦直後におけるアメリカ的な教育論、特にプラグマティズムに対する「嫌悪」が根底にあるといえよう。マルクス主義が一定の知的勢力を維持していた時代における、教育を土俵としたプラグマティズムとマルクス主義との間での代理論争であった。

5　昭和三十年代の教育界の状況

上田をはじめ初志の会の結成者たちは、「初期社会科」（昭和二二年版、同二六年版）の学習指導要領作成の担当者であった。これらの学習指導要領には「（試案）」という但し書きが付されていた。「初期社会科」では、問題解決学習が学習活動に対する指導方法として採用された。子どもたちが実生活で直面する問題を取り上げ、身の回りの社会生活の事実について自分たちで調べ、その意味について、また、どのように生活すべきかについて考え合うという学習法である。そのようにして子どもたちの社会的な経験を広め、「社会生活を正しく理解させ、同時に社会の進展に貢献する態度や能力を身につけさせることを目的」（二六年版）とした。つまり、子どもたちの社会的な「経験」を指導することを通して、民主主義社会を建設するために必要とされる自主的・主体的な「態度や能力」を育成することが目的とされた。

そして、「初期社会科」では、子どもたちの主体的・個性的な学習活動を保証するために、教師自身が教育課程を編成することが奨励された。すなわち、各学校で、子どもたちの発達の状態、興味関心の在り方、地域からの要求、社会生活の実態などに基づいて、自主的に独自の教育課程を編成することが求められた。そのために学習指導要領には「（試案）」という但し書きが付され、教師たちが自主的・主体的に教育課程を編成するための手引書として位置づけられた。子どもたちの主体的・個性的な「態度や能力」を育成するために、教師自身が教育活動に対して自主的・主体的に取り組むことが求められたのである。これを受けて全国各地で、「川口プラン」「福沢プラン」「明石プラン」など、社会科をコア教科として、それぞれに特色ある教育課程が作成された。

しかし、一九五〇年代になり第二次世界大戦後の東西の冷戦体制が世界的に確立した。国内においても、アメリカ型の自由主義経済をめざす陣営とソビエト型の社会主義経済とをめざす陣営との間でイデオロギー対立が先鋭化した。一九五三年の「山口日記事件」、五四年の京都市「旭丘中学事件」など、「偏向教育」として問題視される事件が発生した。そのような中、一九五五年、社会科のみ学習指導要領（昭和三十年版）が改訂され、社会科は地理歴史の系統学習へと転換された。一九五八年の改訂からは「（試案）」という但し書きは削除され、文部大臣の「告示」として法的な拘束力が付与された。社会科の教育課程編成に対する教員の自主性を認め続けると、社会科の授業がマルクス主義の思想教育に使われてしまうという、保守政党側の懸念を受けての措置であった。イデオロギー対立の中で、問題解決学習を通じて主体的・個性的な「態度や能力」を育成するという、また、そのために教師自身が自主的・主体的に教育課程を編成するという、「初期社会科」の理念は政治的な理由により剥奪された。

保守政党の側の対抗措置はそれだけにとどまらなかった。一九五四年には「教育二法」（義務教育諸学校における教育の政治的中立の確保に関する臨時措置法、教育公務員特例法の一部を改正する法律）が公布され、教員の政治的活動は制限されることになった。また、教員に対する「勤務評定」が、一九五六年の愛媛県教育委員会を皮切りに実施された。さらには同年、全国抽出学力調査が実施され、一九六一年には全国一斉学力調査が小・中学校で実施された。勤務評定や学力テストに対する教員たちの反対は強かった。日本教職員組合は一九五七年に臨時大会で勤務評定反対闘争の強化を決議し、全国的に闘争が展開された。一九六一年には日教組を中心に激しい「学テ反対闘争」が発生した。（佐賀県におけるこの闘争は石川達三『人間の壁』のモデルとなっている。）

法的拘束力を付与された学習指導要領から逸脱した学習指導を行わないように、「勤務評定」と「学力テスト」によって教師たちに縛りがかけられた。校長の非組合員化と教頭への管理職手当の支給など、地方教育委員会の学校に対する管理体制が強化された。マルクス主義の思想教育だけではなく、自主的・主体的な教育課程編成までも、このような「踏み絵」によって放棄を強要された。「偏向」を排除するために、教師たちの自主性・主体性までもが道連れにさせられたといえる。

このような状況の中で教師たちには、自己の旗幟を明確にすることが迫られた。学校現場に深い分断と激しい対立が発生した。この分断と対立は、保守政党を後ろ盾とした文部省・地方教育委員会とその管理体制に従う教師たちと、革新政党を後ろ盾とした日教組とそれに参加する教師たちとの間で発生し展開された。しかし、第三の立場も存在していたことを見落としてはならない。すなわち、目の前の子どもたちの実態や必要に即して、その子どもたちの個性的な成長をめざして授業実践を行おうとする教師たちである。学習指導要領の系統学習にも、マルクス主義の「科学」に依拠した系統学習にも反対し、教師たちの教育活動に対する自主性・主体性を維持しようとする立場である。「初期社会科」の問題解決学習の実践の継続をめざす社会科の初志をつらぬく会は、そのような立場に立つ民間教育団体であった。第三の立場に立つ教師たちは、自己の授業実践に対する信念を放棄して管理体制に服従することも、また、それに抵抗するためにマルクス主義の科学を信奉することも拒否した。教師としての自己の信念に従い、自主性・主体性に基づいた教師としての在り方を保持しようとした。まさに体制側の権力や「科学」と称される権威に身を委ねることに抗し、それにより左からも右からも矢玉を浴びせられる状況に立たされていた。

6　教師論としての上田の思想

上田の教育思想は、この時代、文部省の学習指導要領における系統主義と、教科研などマルクス主義の系統主義とに抵抗して、二方面で展開された。上田が系統主義に反対するのは、教育論としては、それぞれの子どもの主体的・個性的な成長を阻害するためであった。上田にとって、知識や徳目を注入することは、子どもを権威に隷属させ主体的・個性的に「個」として生きることの禁止を意味するものであった。その子どもの「個」としての具体性を否定する「抽象」化なのである。上田から見れば、学習指導とは、個性的に成長していく動的な存在としての子どもが、その成長に即して知識を習得して使用していく過程の創出の支援である。

そうであるならば、学習指導は、目の前の子どもの具体に即して、その教師自身の責任と判断という、その教師自身の自主性・主体性に基づく具体においてなされなければならない。学習活動は、自分の学級に在籍している子どもについて一番よく知っているその教師自身が、その子どもにとって最善の成長について考えて、その成長の筋道を想定して構想・実践されなければならない。教育とは、教師が自らの決断と責任において、「この子」のために取り組まなければならない活動である。上田の思想は、具体的な世界で自主的・主体的に生きる教師の在り方を求め、またそれを支える思想であった。

上田は、この論争における第一の反論（「なにを知識不信というか」）で次のように述べている。

いつも主義をになっていなければならない意識、絶対的真理をせおっていなくては安定しない意識、したがって敵か味方かに割りきらなくては落ち着かないという意識。そういう人はいつも受け身であり消極的であり、はっきりいえばずるいのである。科学体系の尊重ということは、左右を問わずその人びとの旗印であるが、それは一方的にその恩恵に浴そうという考えかたであり、さらにいえばそれをうしろだてにして子どもの前に君臨しようというこんたんなのである。

「科学」を権威としてその知識を注入していく系統学習は、子どもの具体性を剥奪して抽象化するだけではない。教師自身にも自らの存在の具体性を放棄させて権威の前に自己を抽象化することを求める。それは、上田から見れば、単なる自主性・主体性の放棄にとどまらず、自己を権威づけて「子どもの前に君臨」することなのである。上田の言葉で言えば、「科学尊重という美名によって、このような一方的屈従関係をつくりあげ、それを子どものところまで押しつけるということ」なのである。権威と一体になって自己を権威付け、それにより子どもを支配しようとすることである。教師が科学に屈従して自主性・主体性を放棄し、子どもたちを屈従させて支配するならば、それは「非科学的な、また全く権威主義的な不合理に追従随順する」ことにすぎない。

上田から見れば、このような「権威主義的な不合理に追従随順する」ことは、自己の自由からの逃避であり、自己の個性の放棄であり、自己の弱さの表明である。E・フロムが『自由からの逃走』（一九四二年）でナチズムを受け入れたパーソナリティとして指摘した「サド・マゾの共棲」ともいえる。

もちろん上田は、文化遺産として蓄積されている知識体系を軽視しているわけではない。重要なことは、自らが生きる世界から知識を求め、自らが生きる世界において知識を使用することなのである。知識は具体的な世界において具体的に個人が生きることにおいて具体的な価値を有する。そのように具体の中で具体を通じて知識の価値は個性的に示される。教師の役割は、子どもたちが自らの具体的な生活において、自らの生き方を向上的に変容させるために知識を求め、知識を使用できるように支援することにある。

したがって、教師は、第一に、具体的な生活を個性的に生きる「この子ども」の具体的な生活の中での個性的な成長について、現在の状態と可能性を見極めなければならない。そこに科学的な診断方法を用いたとしても、それはその子どもの成長の一面を示すものにすぎず、それにのみ依拠することは、その子どもを抽象化することになる。教師には自らの主体性と責任において、その子どもの成長に関して、全体として、動きつつあるものとして、柔軟性をもって捉えることが求められる。第二に、その子どもの具体的で個性的な問いや追究における必要に応じて、その子どもが自らの自主性・主体性に基づいて知識を習得し使用できるように学習活動を支援しなければならない。具体的な状況の中で個性的に展開される学習活動を、子どもの学びに即してその子どもに個性的な価値が最大限に実現させるように、自らの判断によって柔軟に展開しなければならない。この点で、学習活動を事前に固定的に計画して厳密に進行させることはできない。たとえ十分な配慮・準備・検討に基づいて学習指導の計画を立てても、教師は学習活動の進行における不確定性や手立てと効果の関係についての不確実性などを、自らの責任として引き受けなければならない。

「告示」であることを楯に学習指導要領に即して知識を系統的に子どもたちに「教えて」いれば、教育行政の「権力」によって圧力や「処分」を受けることはない。またマルクス主義の「権威」を旗印に背負えば、教育行政の「権力」に対抗するための「科学」を武器として手にすることができる。一九五〇年代前半から一九六〇年代前半は、教師たちが「踏み絵」を踏むことが強要されていた時代であった。教師たちは、「踏み絵」を踏んで「権力」に従うか、「権威」を支えにそれを拒否するかに分断されていた。

しかし、そのような状況において少数ではあったが、系統主義の学習指導に転換することも、マルクス主義の「科学」を教えることにも疑問を感じて、二つの正反対の方向ではあるが抽象化の狭間に立たされていた教師たちもいた。そのような教師たちは、自らの立ち位置の意味を求めていた。上田の主張は、教室の具体的な子どもたちの主体的・個性的な成長を扶ける学習指導を志向する教師たちに、自らが何を大切にしたいのかを自覚させ、その価値を明確にする役割を果たしていたといえる。いわば教師自身が自らの自主性・主体性に基づいて、具体の中で教師として個性的に実践する生き方を支える思想となった。

上田の思想は、「五五年体制」の確立により、「保守政党―文部省」対「革新政党―日教組」という左右のイデオロギーに基づく対立状況の中で、教師たちの「自恃」を教師の生き方として励まし、支え、価値づける思想としての意義をもつものであった。

7　不易の課題としての教師の「自恃」

一九九〇年代以降、教育行政は転換したと感じられる。学校教育のあり方について「足並みを揃えさせられる」という権力的な関係性は弱められた。それぞれの学校が自主性を発揮して個性的に教育活動を推進することに関して、確かに風通しはよくなったように感じられる。しかし、一方で、自主性を発揮して個性的に推進することについては「説明責任」が求められるようになった。また、全国学力調査の通過率（得点）が、教師たちを「屈従」させる新たな圧力となっている。アリバイ工作的な「証拠づくり」に汲々とするという、自己規制的な傾向もみられる。さらに、各教育委員会が試みている学習指導のスタンダード化などが、教師たちに「追従随順」を強いる、権力的な圧力となることが懸念されている。そうなると教師たちに自主的・主体的な教育活動を放棄させる悪しき施策となる。

教育という活動は、具体的な生活の中で具体的な子どもの主体的・個性的な成長をめがけて試みられる営為である。不確定性・不確実性を引き受けて、偶発性・具体性に柔軟に修正的に対応しつつ、最善を求めて教師自らの決断と責任において取り組まれなければならない。「権力」や「権威」への屈従は、目の前の子どもたちから具体性を剥奪し抽象化することであり、教師自身の自主性・主体性に基づく教育活動の具体性を剥奪して抽象化するものである。

わが国の戦後教育において、その個性的で質の高い教育実践は、教師たちの生き方の「自恃」によって支えられてきた。教育という活動には、それを支えるための絶対的な「権力」や「権威」となる基盤は存在しない。教師は抽象化に抵抗する「自恃」が求められる。ただしそれには、矢玉飛び交う状況において、孤軍奮闘に耐える強さが求められる。

戦争で死ぬのはやさしいことである。思いきりをつけてしまえば、もうそれでよい。諦めるか興奮するかしてしまえば、死というものはこわくない。しかしそれで人間はよいのか。（上田薫『よみがえれ教師の魅力と迫力』玉川大学出版部、一九九九年）

戦場において「正気」を保つことは困難である。しかし、そこに人間としての生き方の強さがある。対立の狭間で、左右両方から激しく矢玉が浴びせられる状況においても、自らの自主性・主体性を放棄することなく具体の中で個性的に生きようとすることは、上田の戦争体験からは、戦場において「正気」を保つようなことであったろう。上田の思想は、教師たちのそのような「自恃」に基づく実践を支えるものであった。

【注記】本稿で引用した『教育』誌での論争における各論文は、上田薫他編『社会科教育史資料4』(東京法令、一九七七年)に集録されている文章による。

「教師にとっていちばん大切なこと」を忘れさせる時代
——後期近代の病を問う——

菊地　栄治

本章では、歴史に名を残す教育者の実践や教育思想家の蘊奥を読み解くことはしない。興味がないわけではないが、遠くの世界や時代のユートピアはときに理想化されて語られ過ぎるきらいがある。もっと身近だけれど私たちが忘れてしまいがちな何かを宿した教師……。そうした存在に光をあてる方が私にとってははるかに意味がある。光をあてられることにも興味を示さないような、ごく当たり前に実践している教師に、である。

1　「しんどい高校」での出来事から……

(1) しんどさの表象と意味

大阪府立布施北高等学校（以下、布施北）という高校がある。いまから一七年前にひょんなことから応援させていただくことになった。「ひょんなこと」とは、二四年前に出会った大阪府立松原高等学校の学校づくりのキーパソンのお一人、易寿也氏（現　大阪芸術大学教授）が教頭として布施北に着任され、「この高校をなんとかしたい」という氏の思いから声をかけていただいたというご縁を意味している。

当時の布施北は、中退率約四割。世に言う「困難校」であった。大阪では、「しんどい高校」といったりもする。ご多分に漏れず、しんどさは生徒個々人の中で連鎖していた。家庭の経済面でのしんどさもさることながら、虐待を受けて育った生徒も全府平均に比べると比較にならないくらい多い。アルバイトは小遣い稼ぎのための自発的な行為ではなく、家計を補うために必要に迫られた労働である。賃金が支払われる労働を通して、この年齢の若者たちは表層的な「大人っぽさ」を身につけたりもする。少し背伸びをするように……。ポール・ウィリスがイギリスの労働者階級の文化の中に見出した文化的再生産のメカニズムと似て非なる構造がここからは読み取れる（ウィリス　一九九六）。

かれらが置かれた教育環境はさまざまな意味で劣化している。このことは、極端な困難校に共通の現象である。教室で進められる授業は、かれらの日常の意味世界とは大きく隔たっている。学業だけではなく、部活動をする時間的な余裕もない（→アルバイトのため）。しかも、多様な世界観をもつ大人とかかわり合う機会もきわめて乏しい。これらの重層的な負の経験の中で、存在承認を得る機会も驚くほど少ない。これらの事情によって、生徒たちは自己肯定感を低下させていく。しかも、この高校の一員であるというアイデンティティは、教師の側でも往々にして意識されにくい。計画異動（強制異動）という原則のもとに人事異動がなされる場合、「困難校」に着任すると「あと何年で他校に異動になるか」を考えがちになる。もちろん、人によって構えは大きく異なる。実際、生徒とのかかわりの中で純粋に自分を鍛えていき、教師としての幅を広げる教員も少なくない。しかし、腰を据えて学校づくりにかかわり切る教師はきわめて少ない。

そのような困難な条件のもとで教師の目から見て目立つのは、「やんちゃな生徒」である。かれらをコントロールすれば学校や学級がおさまる。そう考えるのは至極当然である。しかし、着任後すぐに易氏は、前任校での人権教育にもとづく学校づくりの経験に照らして、小さくされた生徒の声に耳を傾けていった。目立たない生徒にも声かけをして、「やんちゃな生徒」と同様に、あるいはそれ以上にしんどいのは「不登校気味の生徒」ではないかと気づく。かれらを中心に生徒たちは放っておかれ、結果として資本主義の食い物にされる……と洞察する。たとえば、ひとつの指標が進路未定者率であり、はじめてお邪魔した当時は、進路未定層が卒業生の半数を占めていた。悲しくも厳しい現実があった。

(2) デュアルシステムの始まり

ここで、かれは東大阪市の貴重な社会的資源に目を向け、㈱大阪工作所の高田克己社長や㈱アドバンスの安川昭雄会長などすてきな中小企業経営者との出遇いを果たす。管理職の提案に前向きに応答してくれた教員たちが、具体的な人のつながりをつくってくれた。こうした地域の人たちとのつながりをベースにして布施北版デュアルシステムが正式に産声を上げたのは、翌二〇〇四年のことである。工場集積率日本一のものづくりの街は、「歯ブラシから人工衛星まで」と称されるように、まさにこの国の産業を支える地域である。しかし、時代の移り変わりとともに、廃業に追い込まれる企業が相次いでいる。それは不況のためではない。後継者がいないからだという。とはいえ、当校のデュアルシステムは単に後継者探しをねらった都合のよい考えによって生まれた取り組みなどではない。この地域をなんとかしたいという思いとともに、布施北の生徒たちに対する地域の大人たちの思いによって可能になった取り組みなのである。「一人前の大人」を育てるという当初の若者・自立挑戦プランのコンセプトと共鳴するところもあった。自己肯定感や存在承認を生み出すには、心理主義的なカウンセリングでは不充分である。もっとリアルな人との出遇いを通して、自らの足場を地域の人たちとともに育てていこうという機運が高まる中で、次第に機が熟すことになる。当時全国で一五の地域が研究指定されることになったが、普通科高校で手を挙げて研究指定を受けたのは布施北一校だけだった。

しかし、実際には、どんなに綺麗にプランを図式化しても、そう簡単に現実が変わっていくはずもなかった。

パワポのすばらしいデザインを現実化するには学校の中の教師の具体的で主体的な動きが欠かせなかった。しかし、一般的に言って、「しんどい高校」の困難さのひとつは、他校へと異動を希望する教師が多く、学校に腰を落ち着けて生徒とかかわる教師の少なさにある。布施北も例外ではなかった。

そんな中、いわゆる管理職ではなく、平場の教員としてデュアルシステムを長年支えることになる教員が現れる。仲明世氏である。彼女がこのデュアルシステムを軸にした学校づくりに参加することになったきっかけと動機がきわめて興味深い。つまり、きれいな教育理念ではなく、「管理職がなんかおかしなことをまた考えて押し付けようとしている……」という疑念が彼女を突き動かした。デュアルシステムの導入についての検討委員会に、当初から反対していた彼女は、果敢にもその委員会のメンバー募集に手を挙げた。動機はこうである。

「うちらもう、最初から、易さん［教頭］がやり出したデュアルなんていうのも私は反対するために「プロジェクトチームに」入ったっていつも言うんですけど、何をしたいと思ってんかがわからなくて、まず、学校の中で何を動かそうとしてんのかというので。じゃ中に入ってみんとそれがわからへんからっていうんで入ったんですけどね。…（中略）…反対、反対って言うたって、何に反対かがわからなければ反対なんてできないじゃないですか。だから知りたいと思ったんです。易さんに、『私、じゃあ入りますから』って言うたら、向こうは向こうで宣戦布告と受け取って、『こんなヤツが入ってくる』と思って待ってたみたいですよ。」（菊地　二〇一二、一二七 - 一二八頁）

しかし、ミイラ取りがミイラになった……というよりも、教師が見えている世界を自分自身で壊していき、より生徒にとって意味のある取り組みに全力で取り組んでいくことをよしとする彼女なりの覚悟が垣間見える。いっしょにやっていく中で、ただ単に多忙化を促す取り組みかどうかをデュアル生の言葉や思いに耳を傾けながら吟味し、結果的に新しい取り組みの意義を確信するにいたったのである。とくに、経験を通して易教頭に対する彼女の見方は一変していく。

「ほんま煮ても焼いても食えないようなおじさまとしか思えなかった。強引やけども……。おとなしそうなんかなって、あの風貌で、思ってたら……。辛辣なことも言うし。学校の中でもやり玉にあげられたこともありました。でも、職員なんかまぁやっぱりね、いろんなこと言いますやんか、会議なんかでは。それに対しては、上手に……。ご自分の経験もやし、的を射たように、随所でぽんぽんと押さえて返事しはるから賢い人やなと思いますね。いろいろな本を仰山読んではるやろからね、そういう知識力ももちろんありますし。なかなかおもしろい先生ですね。いまいっしょに仕事をしてて楽しいと思える相手ですわ。あの人がだいぶん布施北をよくしてくれはったところがありますからね。」（同書、一三四頁）

「管理職の提案＝悪」と決め付けることなく、批判的思考をもちつつももっとちゃんと知ろうとした彼女の行動が、こののちの布施北の取り組みに大きな変化をもたらすことになった。では、このことが可能になったのはなぜか。仲氏のライフヒストリーをたどってみる。

2　高校教師のライフヒストリーから……

（1）生い立ちから教職への入職へ

仲明世氏は、大阪の四ツ橋で産声を上げ（一九五〇年）、大阪市港区築港で長女として育った。父親は職工学校の出で、手に職をつけようと電気関係の勉強をしていた。祖母が貯めた資金で土地を買っていたりし、伊丹空港の前にも土地も所有していて、外国人相手のお土産もん屋さんを開業していた。やがて、父が結婚を機に電気屋をやりたいと言い出し、家電販売と電気工事をいっしょに請け負う事業を始める。当時の生活は割と羽振りが良い方だったという。お手伝いさんもいる比較的恵まれた家庭だった。祖母が買い集めた現在の日航ホテルの土地で父の弟が電気屋を始めたためそこに母と妹といっしょに寄留し、小学校五年生のときに築港小から南区の大宝小（現南小）に転校させられた。港中学校で傷害事件があったこともあり、親が安全を考えて越境入学を決めたという。当時は、この地域は越境入学の多い地域だった。中学校（南中学校）の頃は、スチュワーデスにもなりたかったが、中学校の体育の先生にあこがれるようになった。幼稚園から（身体が丈夫になると言われて）バレエを習っていたこともあり、「教師になるのもいいな」と思うようになった。私立にも合格したが、「教師になるなら公立学校に絶対行きなさい」と言われて、大阪府立港高校（旧市岡女学校）に進学する。体育の教師になるために、あこがれた中学校教師と同じ日本女子体育大学を志望したが、東京行きは諦めた。最終的には、武庫川女子大学に進学することになる。

（2）落ち着いた二つの高校での経験

当時は、採用試験合格後に各校の校長から電話がかかってくる仕組みだったが、いくつか丁重にお断りしたあと、桜塚高校（旧豊中高女）の申し入れを受けることにしたという。このときの赴任先の選択は、厳しい状況の学校に飛び込んでいくというスタンスでなされたわけではなかった。そして、一九七三年、同校での一一年間の勤務が始まる。ここの体育科教員は、さまざまな大学の出身だったことも魅力のひとつだった。初任から七年間、担任を持たないまま教職を続けていた。理由は、「卒業したてで進路指導なんてできるのだろうか」と考え、担任をもつ自信がなかったからである。この学校での経験を通して覚えたのは、「お膳立てをしておけば、生徒に任させたらちゃんとやってくれる」ということである。生徒たちを信じることの意味をかれらから教えてもらたという。

二校目は、旭高校である（一四年間勤務）。この高校もまた自分で選んで転勤した。同校でも、「生徒に任せることで育てる」という方式で教育活動を組んでいた。修学旅行の準備や実施について、基本的には生徒にやってもらうことにした。「酒とたばこの売り場だけは先生にしてもらう」と生徒に言われたという微笑ましいエピソードもある。修学旅行中の打ち合わせを生徒に急かされて生徒（旅行委員）と教師でやった時代だった。生徒も教師も自ら主体的に動き、現実と向き合った。三日間、毎日終わってからミーティングして、自分たちでイベントの中身も決めて生徒たち自身でやっていた。修学旅行委員長をしていた生徒をみてＪＴＢが「すぐ自分のところにほしいぐらいです……」と言っていたことをいまでも覚えている。生徒を信頼して任せることで生徒を育て自らも育っていた時代だった。たとえば、修学旅行についてもこういうやりとりがある。

（教師）「団体で行けるんかな？」
（生徒）「そうか！」
（教師）「切符って一人で買うより団体で買う方が安うなるよな。」
（生徒）「うん」
（教師）「団体の切符ってどうやって買うんか知ってる？」
（生徒）「知らん。」
（教師）「じゃあ、どこで聞いたらいいのかな？」
（生徒）「わからん。……駅員に聞いたらわかるやろ。」
（教師）「せやな。」
（生徒）「じゃあ、おれ旅行委員やから聞いて来るわ……。」

引き出し方を間違えなければ、生徒はちゃんとやってくれるということを確信できたという。このことは、布施北の生徒でも同じだという。もちろん、時間と手間はかかる。根負けせず、丁寧に聴くとだんだん落ち着くところに落ち着くことを経験的に知っている。「自分もときどき引き出し方がわからなくなるが、総じて教師はプライドが高い割に引き出し方が下手だ」と手厳しい。

（3）出遇いと気づき―異文化としての高校

教職二五年目。仲氏は、一九九八年度より布施北に赴任することになる。すでにこの頃、「強制異動」と言われる人事異動が大阪府の基本方式となっていた。当然、非進学校への転任となるが、布施北の名前は聞いたこともなかったという。「仲さん、荷物も何にも持ってこなくていいですよ。プリントもなんも使えないので、みんな置いて行って捨てて行った方がいいです。」と同僚に言われたことを鮮明に記憶している。一日目に学校に行ったら、元体育教諭の教頭先生が迎えに来てくれた。入った途端、「暗い学校やなぁ」というのが第一印象。まわりは若い教員ばかりだった。内部で教師同士の対立もあり、出て行く教師が多かったという。したがって、空いた穴を新任で埋めるしかない状況の中で、結果として若い先生が多くなったのである。教務部長でも二七～二八歳だった。養護教諭を含めても、女性の教師は一〇人に満たなかった。早速、「トイレの前や階段に見張り番として立たないといけない……」と言われ、「特別な仕事」に正直戸惑うこともあった。トイレ前には男女別に貼りつく必要があったため、女性教師は慢性的に不足していた。

着任してすぐ担任を持った。タバコの匂いが漂う校舎の中で、生徒を追い掛け回す日々が続いた。タバコを吸っている生徒も知恵を働かせて組織的に見つからないように戦略的に動いている時代である。見まわりの教師もあえて足音を立てて歩き、「早く逃げろよ……」と知らせることもあったという。校内での喫煙をやめさせるために、どの教室も準備室も必ず鍵が閉められていた。

当時も、この高校をなんとかしたいという思いもあって、「明日の布施北を創ろう会（あすきた会）」に女性ではたった一人で入っていた。並行して将来構想委員会でも活動をした。まだ完全な自由選挙で役職を決めていた時代に、三年間担任をしたあと保健部長となった。二〇〇五年度からは当校で女性初の学年主任を担った。しかし、このころから、「職員会議＝伝達機関」ということが謳われるようになり、古きよきものも全部失っていった感があるという。教師の自主性をマイナスにしかとらえない時代に突入していったのである。着任後ひと月ほどの間は、「生徒に何でそこまで言われなあかんねん」と、荒本駅まで歩きながらふと涙が出てきたことを思い出す。

易氏によれば、当時までの布施北はこれまで何もしないことが特長だったのだが、同校も遅ればせながら中身を変えていかなければならないという状況に直面することになる。ここで重要な転換期を迎える。その中心が、布施北版デュアルシステムの創設である。二〇〇四年度に正式な事業としてスタートすることになる。基本的な考えはこうである。「世間」がそうするように布施北の子にレッテル貼りをするのではなく、むしろかれらの価値を認めていくことを目指していた。このときに、仲氏がデュアルシステムに深くかかわったことが大きかった。

一回目の大きなホールでの発表会でのことである。「アルバイトとデュアル実習と何が違うの？」と会場の大人から質問されたときに、「まさか生徒たちは手を挙げへんやろ」と教師たちはだれしもが思っていた。しかし、次の瞬間、自ら手を挙げて答える生徒の姿があった。「アルバイトはお金で雇われているだけやけど、デュアルには学びがあります。」という主旨の内容を堂々と伝えた。「一年間、社会の人と話をしながらそんな風にほんまに素直に感じたんやと思う。」と仲氏はふりかえる。たしかに、デュアルを通じて何かに役に立つことがあるということまでは到達したが、そのシステムを持続可能にすることにするにはまだまだ何かが足りないという現実がある。過去に出会ったしんどい生徒の来歴をふりかえりながら、「環境がある程度整っていないと……。家庭環境が大きく影響するので、そこまでのお互いのエネルギーの持ち寄りがないと……厳しい。」とつぶやく。

(4) かかわりの根っこ……

「向こう(実習先)にもあかんことはあかんと、言うべきことは言おうということをきちんと実習先に伝えることを明確にしたのが仲氏である」と易氏は言う。「実習先で問題が起きたときにこういう風にしてくださいね……」というお願いを仲氏はこんなふうに各教師に伝えた。

「謝るだけでなく、こちらの要求を伝えるためにも、必ずこの話をここで終わらさんと持ち帰ってくれと。生徒の話とすり合わせて、こちらの思いを別日に伝えること。出た結論は必ず生徒に伝え、今後必ずそのようにに行動できるようにする。まずかった行動や言動については本人にしっかり確認し謝らせる。今回のことについては不問として、いまの行動を見てもらうようにする。」

相手にきちっと伝えて、いっしょに育てることの基盤を創っていった。実習先を大幅に増やしたことの功績も大きいが、それと同時に、次のような考え方を明確にしたことも重要である。

「悪いことしたのは悪いけど、うちの子だけが悪いのかな? ことが起きたときには、連絡があったら『すみませんでした』と一言いいますやん。でも、その子が悪いから『すみませんでした』じゃなくて、そういうことを起こして時間を取ってもらったことに対しては謝らなあかんと思うから。ただ、なんでもかんでも『この子が悪い』みたいなことを言われても、ちゃんとやってたかどうかもわかれへんし、どこかがわからへんと叱れないじゃないですか。状況もわからなくって『あんたが悪いねん』っていわれへんし。事細かく聴かないことには、本人が腹立ったことが何かわからへんし……。」

そして、「親（保護者）ともよくケンカしましたよ」と楽しげにふりかえる。同僚Mさんが保護者から責められたときも、仲氏は保護者にこのように語った。

「お母さん、悪いけど、お母さんが聴いているのはお子さんの話だけでしょ。私は子どもの話も聴いているし、担任の話も聴いているし、見ていた人からも聴いています。おうちでね、お母さんに対して『おばはん』とか言われたらお母さん気持ちいいですか？　気分悪いでしょ。この子らみんなそんなこと言うんですよ、いつも。そういうことを知ってそういいはるんだったらわかるけど……。先生の方がよっぽど我慢しているんですよ。」

卒業のときには「先生、三年間ありがとうございました。」と保護者が言ってきたという。これまでの経験をふまえて、こんな風に語っている。

「これから深くかかわっていかなあかんと思ったら、どういうことでそんな言葉が出て来るんか、どんな気持ちでそう言っているのか、どういう態度をこちらがしていくかは、気持ちをきちんと知らないとできないじゃないですか。『あ、もういいや。明日からさいならね。』とおれる人やったらええけど。」

「これから深くかかわっていかなあかん」、「この子はこんなんやと思ってすまさない」という思いがあり、簡単には関係を切らない。しんどい高校では、概して、「うちの子しんどいという割には何がしんどいかを受け止めようとしない教師が多い。」と易氏も言葉を重ねる。翻って、仲氏はこれまで「知っているつもりで済まさないこと」の意義を経験的に体得してきたように見える。異論を大事にした時代を経験して、今日のような薄っぺらで決めつけに終始するコミュニケーションとは雲泥の差を生み出してきた。

（5）教師として大切なこと

この彼女に特長的な学びの源はいくつかある。たとえば、一番最初の学校で教わったのは、よく準備室で保護者の話を聴いていたときであった。「こんなことを聴くんやなぁ。こういうことを親は期待してんや……。」と勉強させてもらったとふりかえる。そして、自らのあり方や実践に採り入れていく。最初に担任をもったとき、担任の生徒の保護者全員と会った。三者懇談でなく、生徒と保護者と一対一である。言いにくいこともあえて遠慮なく聴き取った。たとえば、授業料負担できるかどうかもちゃんと聴いて対応したからこそ次の一手が打てた。当時であっても、他の先生は特別な時だけにしか面談しなかった。仲氏は、年度の最初と最後の二回の面談はずっと実践してきたという。

こうして、「市井の」一教員のライフヒストリーをたどる中で、「教師にとっていちばん大切なこと」が浮かび上がってくる。それは、「いかに自分がわかっていないかを認識すること」「もっとわかろうと努力すること」「生徒のためにできることに最善を尽くすこと」である。デュアルシステムという当時はわけのわからない試みを外野から非難するにとどまらず、中に入ってそれがほんとうに目の前の生徒のためになるものかどうかを自分で確かめるという姿があった。これは、見事に生徒に対するかかわり方とも共通している。「〇〇な生徒」「〇〇な教師」「〇〇な保護者」で物象化（モノ化）するのではなく、より丁寧に耳を傾け、かつ、マイルドなカウンセリングのような「ごまかし」ではなく、事態を解決するように当事者を動かしていく……その点に仲氏の最大の特長がある。

しかも、個人史をさかのぼると氏がもともと持っていた特性などではないことがわかる。バレエを習って脆弱な身体を鍛えようと習い事をし、できれば勉強好きの生徒の多い「御しやすい高校」を選択して異動していた仲氏がいくつかの出来事を通して相互的主体変容していった姿がそこにある。私たちは、特定の教師を○○な教師と決めつけがちである。そして、距離を置いて自分を可愛がることが多い。この点で一見遠く見える仲氏がじつは私たちが本来宿しているはずの何ものかを明晰に宿し続けている存在であることがわかる。

節の最後に、ひとつのエピソードを記しておく。しんどい経験をして教師としての務めを果たしていた仲氏に、当時の大阪府教育委員会事務局の幹部が半分冗談めかして、「お前ちょっとええ勉強になったやろ?」と声をかけたとき、氏は「勉強になったとは思わん。それやったら、初任者はみんなここ（布施北）を通せっ（笑）。」と言葉を返したことがあった。これは厳しい生徒たちの現実と向き合う教育現場の本質をついた言葉かもしれない。遠くで観ている行政関係者自身ももっと現場の現実からちゃんと学んだらどうなのか……という心の底からの鋭いメッセージである。かくいう仲氏は、今も、布施北のデュアルシステムに非常勤講師として関わり、その一方で東大阪市の「学習を伴う子どもの居場所づくり」事業にボランティアとして参加して、貧困家庭の小中学生とぶつかりながら学び合う日々を送っている。

3　大切な灯を未来の世代に……

(1) 人権教育という遺産

一人の高校教師の来し方から見えてくる「教師にとって大切なこと」とは何だろうか。「聖職者vs.労働者vs.専門職」という軸では掬い取れない何かであり、俗にいう「熱心な教師像」や「献身的教師像」という括り方とも違う（久冨　二〇〇三など）。学術研究等のものさしをあてがわれるよりもその先にある何ものかが重要なのである。

筆者は、多くの中教審答申等の政策文書が繰り返してきたように、実体化された教師像を理想的なイメージとして据えること自体が無意味であると考えている。そのことで、教師一人ひとりが近代の罠に落とし込まれるからである。

簡単に収奪されないような「教師にとって大切なこと」とは、究極的には、どのような人間にも必要な何ものかである。それに最も近い伝統が「人権教育」の過去と現在に脈々と受け継がれているように思う。一人ひとりの生活背景を丁寧に見取り、そこから子どもたち自身が厳しい社会の現実と向き合うことに寄り添い、支えていく。しかも、これを社会的課題として孕む本質を見抜きつつ、関係性の中で解決していく方向で子どもたちや社会へと返していくのである。松下一世は、これを「自己洞察」「自己開示」「人間関係づくり」という連鎖で置き換え、人権教育の言葉になりづらい実践の歴史を現代語・心理学用語で翻訳している（松下　一九九九）。

人権教育の実践を自分の中で落とし込み、外の世界に理解してもらう重要な試みであるが、さらに裾野を広く取ろうとするとき、前節のような高校教師の構えとふるまいを言葉にすることが必要である。筆者は、これを「人間の限界性」をふまえた実践というように整理している（菊地　二〇二〇）。人間の「弱さ・できなさ×わからなさ」を基点にするときにはじめて生み出される実践である。仲氏の例で言えば、教師という高見に立って生徒を簡単に断罪したり、保護者にレッテルを貼って済ませるのではなく、「自分は本当にわかっていないのかもしれない」というところに常に立ち返っている。そして、丁寧に当事者に説明し当事者の言葉を聴き、溝を埋めていく作業を粘り強くしていく。その際に、決して「権力を持っている者」（たとえば、生徒に対する教師）の勝手な解釈枠組に押し込めない。たとえば、「管理職の言うことだから」ということで諦めたりするのではなく、同じ地平に立って生徒のために何ができるかを管理職といっしょに（媚びないで）考えるのである。そうかといって、生徒を玉座に奉るのでもない。わかっていないことをわかろうとする努力をとことん試みていく。さらにいえば、生徒自身が社会に出て行ったときに困らないように……という生徒の未来への思いがベースにあることも重要である。

(2) 大切なことを忘れさせる社会とは?—後期近代の病

しかし、残念ながら、この「教師にとって大切なこと」が現代においては収奪されている。いま、あれもこれもと事細かく求められ、アイデンティティが揺さぶられ、不安が増殖させられている時代に教師も巻き込まれている。まさに、現代日本は、「液体化する近代」(バウマン 二〇〇一)や「リスク社会」(ベック 一九九七、一九九八)の典型となりつつある。教師もまた見通しを持ちにくい状況の中で、存在論的不安にさいなまれている。「教師にとって大切なこと」が削られていき、そのことによって実はますます生きにくくなっている。まさに後期近代の罠に陥っているのである。

①多忙化と疲弊する教師

最も具体的な難題のひとつが、多忙化である。中学校ほどではないが、高校でも「過労死基準」の長時間勤務層の割合がこの一〇余年で二倍になった(菊地 二〇一五)。後期近代を生きる保護者も生徒も不安にさせられ、「〇〇力」を身につけるためにあれもこれもと右往左往させられる。教育消費者ニーズに対応すべく、教師もあれこれと「〇〇力」をつけるべく奔走する。それだけではなく、私たちの社会はいわゆるフォアキャスト的な決定に馴れており、逆算するようなバックキャスト的なあり方から程遠い状況にある(小澤 二〇〇六)。あわせて、「全面的官僚制化」(D. グレーバー 二〇一七)の時代において、ますます書類作成の間接業務は膨大になっていく。国は、その業務を抜本的に削ることを放置し、変形労働時間制というごまかしの改革へとシフトしてきたことは周知の通りである(中央教育審議会 二〇一九)。

とりわけ、各学校の状況を無視した「足し算的な改革」ほど罪深いものはない。新しい学習指導要領が始まることで、まるで別世界の学習が新たに必要になるかのように加算的な改革が「下ろされていく」。中学校での学び直しが足りないと一律に加算されることも同じ罠に陥っている。改革プラン自体が「いかにわかっていないか」

を認めない官僚主義的改革にとどまるとき、あれもこれもと求められ右往左往させられて、結果として学校がもともと持っている社会的資源という潜在力を生かすことを忘れてしまうのである。そうすると、個別学校の「良さ」は失われ、特色化を目指すこととは真逆の一元的で表層的な競争に巻き込まれていくことになる。

こうして、時間が足りなくなり、手応えはなくなるという悪循環が始まる。教師か生徒が、あるいは両者が物言わぬ従順な身体（＝機械）に成り果て、当事者としての教師がもっていたエネルギーが吸い取られていくのである。このことは、いまや日常的にそこここの学校で起こっている悲劇である。

②個人化、あるいは他者化の病

後期近代の特徴のひとつに個人化がある。このことは、とくにこの四半世紀にわたって子どもたちにも暗い影を落としてきている。かつ、その勢いは増すばかりである。たとえば、小・中学校での特別支援学級の増加を見ればよい。「発達障害」は医療モデルにもとづき、科学の名のもとに「できなさ」の不安を煽って、個人を「できるようになること」へと追い込んでいく。とことんできることを求めていくことで社会はやせ細っていくのに、である。「できることを提供し、必要な者が受け取る」という社会関係が成り立っていることの方がはるかに豊かであるにもかかわらず、諸個人を能力主義によって洗脳していく。「できないから生きにくくなる」と信じ込ませることで、私たちから大切な何かを奪っているのである。教師も同様である。一九九〇年代末に導入され、いまや当然のように運用されてしまっている時代遅れの人事管理システム（目標管理方式）が教師個人を学校目標へと過剰に同調させ、対話的関係を劣化させていくのである。その代わり、「他者化」（ヤング　二〇〇八）のための都合のよい道具立てはあちこちで垂れ流されていく。○○な生徒や○○な教師という「わかったふりの概念」が、もっと知ろうとする努力をそこで断ち切らせ、「忙しさ」によって免罪させ、教師としての器を小さくし、引き出しを失わせていくのである。

③物象化と自律性の剥奪

「熱心な教師」という言い方もそうであるが、それ自体が物象化として機能し、「わかったつもりになる」言葉が巷にあふれている。究極の現象が「ヘイトスピーチ」である。これは、人間がモノ化されることによって、苦しみを分かつ可能性を切り捨てる。さまざまな暴力は、他者化を通して単なる記号として非人間化されていくことを意味している。このことは、後期近代がこの種の病に陥りやすいことを意味している。したがって、教育がこれを助長するのではなく、歯止めをかけるために何ができるかを考える必要がある。人権教育の実践がますますもって重要になってくるのはこのためである。直接他者に触れないことで、差別と暴力は加速する。本章の表現で言えば、「人間の限界性」の失念は一層深刻化する。このような時代だからこそ、直接身体性レベルでのかかわり合いをベースにした深い学びが必要であり、公教育の存在理由の根本を意味している。これは、さまざまなテクノロジーが発達するほど余計に必要になるものである。なぜなら、テクノロジーは人間の身体を置き換えようとする道具であり、最も重要な欠点は「他者をわかったつもりにさせること」にあるからである。

物象化は、互いのかかわりを薄くするとともに、かつ、主体的に考え動いていく教師を抑圧《よくあつ》していく。ますます教師は（とくに生産性向上のための）道具とみなされるようになり、かれら自身が独自の判断をすることを許容されなくなっていく。多忙化が進むほどそうなっていくのである。こうして、教師は自身の存在理由（教育マシーンではできないことを生業とすること）を削りながら、日々をやり過ごしていくことになる。善良でまじめな教師として……。単なる懐旧の情からそう言っているのではないが、かつての教師たちはもっと「主体的・対話的で深い学び」をしていたように思う。職員会議等に限らず、中堅教員を軸にした分厚い議論を切り捨てるという深刻な変化がこの四半世紀に強化された。それは、「わからないことはわからない」と伝え、とことん話し込み、何が大切かを含めて議論していくことを切り捨てる。あるいは、一括りにされないような教師たちを排除することで、生徒にとっても同僚にとっても多様な「引き出し」を持っていた教師たちを失っていく。まさに、悲劇的な社会的損失である。

（3）困難な時代と向き合うには？──「他人事≠自分事」の方へ

自己の内面に向き合うように追い込まれている時代であるからこそ、この時代状況を克服するのは容易なことではない。しかし、各所各場面で、よりよい方向に時代を転換させる機会はまだまだ私たちには与えられている。その際に、私たちが軸に据えるべきは「人間の限界性」であるが、もうひとつ両輪とすべき要諦がある。「社会の限界性」である。

つまり、いま生きている社会（制度と通年の束）をそれ自体が孕む「悪さ・いたらなさ×わからなさ」という視点から問い直していくことを粘り強く続けていくことである。たとえば、「多忙化」を例にとってみても、それは財政民主主義や機能的財政論にもとづかないままPB（プライマリー・バランス）のみにとらわれ個人を競争的環境に追いやり、充分な教育への公的財政支援を行っていないわが国の経済政策の問題が根っこにあることがわかる。もちろん、野放図な消費主義がよいと言っているのではない。そうではなく、経済（少なくとも財政）を動かす主体として一人ひとりが認識していない現状を克服することが最も根本的な問題としてあるという点について思考停止に陥ってはならないということである。このことを前提とした上で、「他人事≠自分事」を主軸に据えた社会づくりと学校づくりができるかどうかを問い、一人ひとりが動いていくことが必要になってくる。個人として分断され、消費され、追い込まれて行く前に、あるいは、単純な教師力・授業力へと自身を矮小化する前に、目の前の教育の現実から立ち上がってくるなにものかを軸にするのである。「主体とは？」「対話とは？」「深さとは？」ということの本質的意味を問いつつ、未来へとつなげていく一歩を踏み出してみたい。「教師にとっていちばん大切なこと」について一人ひとりの教師が考え、仲間と対話し鍛えていき、これを基点にして動いていくことを深い次元で楽しんでいきたい。大学教員もまた例外ではなく、自戒の念を込めて本章をしたためた次第である。

【注記】本稿の取材部分は、科学研究費「〈多元的生成モデル〉にもとづく高校づくりの促進条件に関する臨床的研究」(二〇一八〜二〇二〇年度挑戦的研究(萌芽):研究代表者　菊地栄治)によって実施された半構造化インタビュー(二〇一九年一〇月四日)にもとづいている。当日は易氏にも同席いただいたが、本稿では仲氏の語りを中心に取りまとめた。お忙しい中ご協力いただいた両氏に心より御礼を申し上げる次第である。

参考文献

ポール・E.ウィリス(一九九六)(熊沢誠・山田潤訳)『ハマータウンの野郎ども』筑摩書房(1978)
小澤徳太郎(二〇〇六)『スウェーデンに学ぶ「持続可能な社会」』朝日新聞社
菊地栄治(二〇一二)『希望をつむぐ高校』岩波書店
――(二〇一五)「高校教育はどう変わったのか?――二〇〇四・二〇一五年全国校長・教員調査データの比較分析――」『日本教育社会学会第六十七回大会発表要旨集録』
――(二〇二〇)『他人事≒自分事』東信堂
久冨善之(二〇〇三)『教員文化の日本的特性』多賀出版
デヴィッド・グレーバー(酒井隆史訳)(二〇一七)『官僚制のユートピア』以文社(2011)
中央教育審議会(二〇一九)『新しい時代の教育に向けた持続可能な学校指導・運営体制の構築のための学校における働き方改革に関する総合的な方策について(答申)』
ジークムント・バウマン(森田典正訳)(二〇〇一)『リキッド・モダニティ―液状化する近代』大月書店(2000)
ウルリッヒ・ベック(一九九七)「政治の再創造―再帰的近代化論に向けて」ウルリッヒ・ベック、アンソニー・ギデンズ、スコット・ラッシュ(松尾精文・小幡正敏・叶堂隆三訳)『再帰的近代化』而立書房(1994)
ウルリヒ・ベック(東廉・伊藤美登里訳)(一九九八)『危険社会』法政大学出版局(1986)
松下一世(一九九九)『子どもの心がひらく人権教育』解放出版

ジョック・ヤング（木下ちがや・中村好孝・丸山真央訳）（二〇〇八）『後期近代の眩暈―排除から過剰包摂へ』青土社（２００７）

教師教育と早稲田大学

鈴木 慎一

まえがき

戦後教育を超えて新たな教育への地平を目指す講演会シリーズで私が扱ったものが、このテーマであった。戦後教育とは何かを問う試みは各所、各関係者、各学会で行われた。それらと教師教育研究所の試みとの関係は明らかにはされていない。私の以下の発言は、早稲田大学に職を得て教師教育に関わった教育学研究者のそれである。本論では、始めに戦後教師教育の原理となった開放制教員養成制度を振り返り、早稲田大学の教師養成の足取りを確かめ、私がどのような改革、改善、改良に努めたかを綴り、早稲田大学に期待するところを述べて論を閉じる。講演の内容を書き改めた。また、私が退職した後の事情等については触れない。表題が教師教育という用語を用いる理由については行論の過程で説明したい。

1　開放制教員養成と制度

日本が太平洋戦争で敗戦した後、将来の教育制度の在り方を巡り公的な会合で種々議論された。その結果、教師の養成教育は、幼稚園から高等学校まで全ての教師を大学で養成することになった。この制度の改革で忘れてはならないことが二つある。一つは国会が議決する法律によって教育職員免許法が制定され、それに基づいて教師養成が行われることになった点（旧来は天皇の命令に基づいた）、二つは大学で養成教育を行うことになった点である。二つながら教職に就く専門職業人の地位と役割を考えるうえで今日も蔑ろにできない。大学というとき、それは国公私立の別なく全ての大学で、真理の探究に関わる場所で将来の教師を育てることを意味した。この戦後改革の初心を戦後教育を見直す場合に決して忘れてはならない。

（1）〝開放性教員養成制度〟のプロトタイプ

何をもって開放性制度と呼んだか。新制度発足当時その掌に当たった文部省当局担当者が語った開放性制度観が残されている。発言者は玖村敏雄である。

i「教育職員免許法と教育職員免許法施行規則とは第五国会において成立し、近く施行されようとしている。……この二つの法律はそれが明治以来勅令によって次々に規定せられ、累積せられていた種々雑多な教員免許規定を整頓するとともに、将来の理想をえがきながらいまの現実に可能な新しいよりよい免許に関する規定をしようと企てたところから、その内容が……複雑多岐になり……専門的になった。……専門的になることは、今後の法律の採るべき必然のほうこうである。……そのままにして置いては、明日の教育がうごかない。」（玖村敏雄、はしがき、一頁）

ⅱ「複雑多岐であればあるほど親切な解説が必要であり、専門的であればあるほど厳密な注釈が必要でなければならない。もし粗雑な解釈や明確でない判断によってこの法律が行われるならば、その結果は教育行政に支障を来たしたり、現職の人たちにおもわぬ不利をいだかせるであろう。」（同前、一一二頁）

玖村の言葉にある「勅令による云々」は、教育学関係者の間では「勅令主義から法律主義へ」という言葉で語られた（教育行政根本原理の転換）。「粗雑な解釈や明確ではない判断」という表現は、絶対的命令であった勅令ではなく議会で制定される法の意義・規定を解釈し実践する市民・専門家に、解釈と実践について責任が課されることを意味しているもので、法定主義の一般的課題を示す言葉である。

何が開放性制度なのかを玖村は次のように解説していた。

① 教育職員に特別な教養と専門的な資質能力を求めると、一般職とは異なり、教育職員には一種封鎖性が伴う。

② 他方、免許法に規定される条件を満たせば、教育職員になることが出来るという点で、旧教員資格付与の複雑な仕組みに比べれば、きわめて開放的である。

ⅰ）従来、教員養成所学校の卒業生は卒業によって免許状を授与され、国立の専門学校卒業者も指定学校として免許状を授与された。

ⅱ）公私立専門学校には許可学校と非（未）許可学校とがあって、免許状が授与される場合と授与されない場合があった。

ⅲ）許可学校のなかにもその学校の試験成績に即して免許状が授与される者の員数に差が設けられていた。

ⅳ）試験検定制度と無試験検定の制度があった。

③ 新法は、免許の手続き、判定の基準を単純化し開放性にしようとした。

ⅰ）高等学校卒業：幼稚園・小学校・中学校の臨時免許状可能

ⅱ）大学またはこれに相当する機関で一定期間学び一定の単位を修得すること：仮免許状可能—教育機関の差を視野に入れていない（認めない）
ⅲ）大学卒業：幼稚園・小学校・中学校の一級免許状可能
④ 以上の措置で、国立学校中心になり私立学校にたいして厳しかった制度は廃止された。
一定の客観的基準に照らしてすべてが処理され、その間に何らの恣意を挟む余地がなくなった。「免許制度は全く単純化され、開放的になったといいうる。」（同前、十八頁）

「開放性」は、教育職に就くことを希望する人々に対して、義務教育以上の教育を修了しておればその機会がすべての人々に開かれていることをまず意味し、ついで、「大学」が新制大学全体を意味することになり、師範学校・高等師範学校と他の高等教育機関の間の差等がなくなり、私立大学も学校法人がその意図を持てば、教育職員免許状を卒業生に取得させることが原則的に認められているという点で開かれた制度になったことを指している。同時に、「開放」することと教職につくことから求められる「一定の条件」との関係が緊張する関係であることを否定していない。玖村は、「開放性」の問題点を、免許の合理性という観点から幾つか挙げていた。

⑤ 免許状取得を可能にする大学の「差」
ⅰ）「差」を解決するための方途には、「国家試験」制度があるが当面実施困難
ⅱ）採用者あるいは任免権者による考査と選抜によって（選考権により）「差」を克服する
ⅲ）民主的社会では、無自覚無反省な大学は、教育職員の需給関係の中で淘汰される
⑥ 教育職員免許法の「合理性」
ⅰ）「単位」制をとり、学力の判定を単位の計算で一貫したこと

この発言から、「開放性」に政策を転換することから予想される教師養成の課題がどのようなものになるか、政策担当者が思索した道筋が伺われる。教職専門のスタンダードを求める議論が日本でも後年起こるが、「差」と書かれたことは、教職者に求められる専門性のスタンダードが免許制度のもとで包括的に規定されたこと、その実現が大学に任されたことと緊密に関わることを洞察、予見していたことを伺わせる。

（2）“開放性教員養成制度”の前提と課題

新しい大学における教養教育と専門教育の総合が制度の上でも大学教育の新しい在り方としても企図され（この大学教育のパターンがアメリカ的であったことについては別途論じる）、そのことと教師養成を併せ考察しなければならなくなった。

当時の大学関係者がどう対応しようとしたか、膨大な規模の大学とその教育を前に、大学専門教育と教職課程教育の総合を目指す場合、何を手掛かりにしたのであろうか。実は教育職員免許法が制定される前に、教育制度を論じ合った専門家の間では二つの見方が対立していた。大学で本質的な研究と探求の経験を積めば、具体の教育方法は自ずと開発できるという主張と、教育専門職にふさわしい教授学的学識を就職以前に習得することが必要であるとする主張が並行して議論がまとまらなかった。改めて今、新教員免許法を準備した専門家たちによる論点整理の内容を見ると看過できない意見がそこでは開陳されていた。表1はその内容だが、表のなかで関心を呼ぶものは、教職者のイメージである。「全体としての人生の中の全体としての人間の育成」を「計画し、助言し、支援する専門家」というイメージは、国家目標に沿って子どもや青年を錬成するとした国民学校令下の教職者イメージとは大きく異なる。国家的国民統合という固定的な全体像ではなく、国に住む人々全体の、人に相応しい成長を計画し、助言し、支援する教職者という、柔らかな国イメージ、国民イメージが選択されている。教職関係者がすべて免許状を大学で取得するとする原則は、このイメージと結び合う原則として予定されたのであろう。

開放性教員養成制度については多くの図書、論文があるが、本論考ではここに確認される国家観、社会観、人間観を大切にしたい。そのうえで、一般教養三六単位、外国語四単位、体育二単位を共通の基礎として学び、さらに専門教育課程で卒業要件を満たしながら教職課程を履修することで、果たして独り立ちする教員としての準備が十分整ったか否かを問うことになる。「師範型専門の克服」という師範学校タイプといわれた固着した教員イ

表1　論点フレーム

小番号	ポイント
i, ii	教育行政の原理的転換：勅令主義から法律主義へ 教育行政と官僚制度・官僚機構との新しい関係
iii	教育職員免許制度の画期的転換
iv	六三制学校体系と新憲法：教育による戦後社会復興
v	教育制度改革と教員、教員養成の重要性
vi	新免許制度：教諭・校長・教育長・社会教育指導主事：教育関係職員皆免許主義
vii	免許主義への政治的意思（議会と立法）
viii	教育に従事する者の役割課題と責任：大衆の子供の教育に寄せる期待に応える
ix	単位制導入：教職専門性―子供の成長の犠牲によらない専門的養成
x	地方分権制度：免許状授与権者としての地方自治体
xi	教職教養：大学卒業要件としての教職課程―その具体的運営方針
xii, xiii, xiv, xv, xvii	教師像：新しい教師のイメージ 「全体としての人生の中の全体としての人間の育成を計画し、助言し、支援する専門家」「高い学校を経験した専門家・助言者・支援者」「師範型専門の克服」
xiii	職階制：困難だが導入必要―人事院の課題
xviii	新制大学論：民主主義的、文化的自由主義的に刷新される大学の教育研究
xix	教職課程と開放性

注：表中小番号は筆者が資料を整理するために付した記号である

メージを超えることが可能になっただろうか。大学にとっては回答を用意することが難しかったのではないかと思う。次節で早稲田大学の事例に戻ってその課題を探ることにしよう。

2　早稲田大学の教員養成

新教師養成制度は上記のような新しい国家像、国民像、教師像を掲げて発足した。実は程なく幾つかの問題が指摘されるようになった。問題は制度に参加した大学各当事者によってあり方や内容が個別に異なった。全体的な状況としては、国立大学協会（設立一九五〇年、以下同）、目的養成大学が再編成されて発足した日本教育大学協会（一九八五）、私立大学関係団体（私立大学連盟（一九五一）・私立大学協会（一九四八）・その他）の間に教職の専門性、新制度要件の単位制、課程認定制度とその管理を巡って意見の違いが際立ち、教師養成の問題と課題についで行政関係者と大学の意識・見解の間に意見の相違が次第に顕著になった。相互に際立って意見の齟齬が大きかったのは多発され使用されない教員免許状の問題であった。世間ではペーパーティーチャーと揶揄された。教育実習を母校で引き受けてもらいながら実際には教職につかない多くの私立大学学生はその主な原因でもあって、大学は対応を迫られた。その状況は上に紹介した開放性教員養成制度を設計した当事者が心配した事態でもあった。

並行して教育の現場から提起された問題は、新卒教員の多くが学校で職責を十分果たせないという異議申し立てである。それは大学への異議申し立てであるばかりか教育行政政策への異議申し立てでもあって、これもまた開放性制度を設計した当事者が心配した事例である。文部省は教育職員養成審議会の議を経て幾度か教育職員免許法の改正を行い、その都度大学の教員養成課程としての妥当性を再認し今日に至っている。果たして問題は解決しただろうか。

早稲田大学の教師養成はどうなっていたか。およその足取りを辿っておこう。

（1）新免許制度発足時の教学体制

早稲田大学には高等師範部があって、英語科、国語漢文学科で中等学校の教師を育ててきた長い歴史がある。新制大学が発足するとき高等師範部をベースとして新たに教育学部が置かれることになった。大学内部ではその新設に関して紆余曲折があったが、昭和二四年四月から新制大学としての早稲田大学が誕生し教育学部も新設された。

早稲田大学教育学部の発足は、当時、私立大学では唯一の教育学部だった。しかし、教育学部の発足までにいろいろな課題があり、それらを克服して漸く誕生したという経緯がある。主なものは、①大学内部で「高等師範部」を教育学部へ発展的に解消するか、そのまま廃止するかを巡り、結論を導く過程で議論が錯綜したこと、②大学設置審議会に対して、文学部哲学科教育学専攻との相違点を説得することが容易ではなかったことが挙げられる。この二つの問題を、「広く教育に貢献する人々を養成する」「専門的学習の成果を学校教育其の他に活かす」という二点で解決したと語られてきた（早稲田大学百年史、別巻1、早稲田大学教育学部五十年）。その葛藤を含む教育学部誕生の歴史に関連して、旧来の師範教育では新しい時代の教育に応える教師養成ができない旨発言した記録が残されている。

「平和的文化国家の建設を中外に宣言した今日、「教育」の使命の重大さ……それゆえにこそわが教育学部の存在意義は、より深く認識されねばならない。……教育学部が、真に、教育への熱情に燃える真摯な学徒のみを、敢えて求める所以である。……それは決して従来の師範教育に於けるがごとき内容ではなく、学問による人格陶冶……広い一般教養の涵養と、深い専門的知識の修得……に顕著に語られている。」

（昭和二六年度「教育学部案内」：早稲田大学百年史、別巻1、八八八頁、早稲田大学教育学部五十年、一〇頁）

ここには〝学問による人格陶冶〟という表現がある。大学における教師の教育をこのように語った例はあまりなかったかもしれない。先に述べた緩やかな教育観にこの主張が連なることは打ち消せないと思う。精神的理念的に早稲田大学の教職課程は開放性の原理に沿って発足したと看做すべきであろう。

ともかくにも学則で教育学部に教職課程が置かれ、早稲田大学の教職課程を管理する教職課程委員会が全学規模で設置された。教育学部教授会は大きな責任を負うことになった。この時期に文部省が行った大学の課程認定は大らかなもので、大学を一括して認定している。それゆえ、教育学部に在籍していなくても、早稲田大学教職課程委員会が認定し教育学部教授会が可とすれば、法学部でも英語の免許状が取得でき、教育学科の学生でも国語の免許状を取得することができた。大学への信頼に立つこの免許課程行政に責任をもって対応することが早稲田大学の行うべきことであった。この方式はしかし昭和二九年の免許法改正で終止符を打った。それ以降は学部学科ごとに免許教科が特定されるようになった。それでも、早稲田大学には寛容な方針が貫かれていた。教科ごとに専門教育に関する基本領域と具体的教科名が例示されている(免許法施行規則)が、当該学部教授会が当該学部配列専門科目の中から特定科目を指定すれば、その科目をもって免許法指定の科目と読み替えることができた。これが制約されるようになるのはしばらくたってからである。

早稲田大学の教員養成と教職課程のこれまでの経緯を振り返る場合、一つの接近法は教育学部の教育学科と文学部哲学科教育学専攻における「教育学」と、その教育学と教職課程との係り方を視野に納めて、この二つの教育学関係機構でどのような教育研究が行われてきたか再吟味することであろう。今回は、教職課程の在り方にかかわることとして、教育学部発足当時、文学部の「教育学」系列の中心人物であった原田実教授が、「実験学校をもたない教育学部構想には賛成できない」と述べていたことを挙げておこう。

教職専門科目として免許法上規定されていた科目の管理は教育学部に置かれていた教職課程委員会が実際に管理し運営していた。この委員会は発足から一九六〇年代半ばまで教職課程の非常勤講師までを含む教職科目担当者全員による合議体で、そこで科目配当、時間割編成、担当科目人事までをすべて行っていたのである。この委員会を措いて他に非常勤講師を含む全学規模委員会は早稲田大学にはなかったと思う。管理体制も開放的であった。

（2）教職課程の管理運営と諸問題

開放的な運営委員会をもつ教職課程であったが、いろいろ問題を抱えるようになった。まず教職課程履修者が急増したことに対応する必要があった。教職課程配当科目履修者数は一学年平均五〇〇〇名を超える時期があって（在学生総数二〇、〇〇〇～三〇、〇〇〇人前後）、教室、講師、登録管理、教育実習管理と対応に苦慮した。早稲田大学には教育学部教育学科があって本来教職課程の管理運営に責任を持つはずの組織であったが、主だった教授が大学院文学研究科の演習を担当する教授であったことから、いわば教育学ないし教育史、あるいは教育哲学、教育科学へ関心が偏き、教師養成が第二第三の専門領域に堕した感があった。教育実習校訪問は当初全学部から教員が参加していたが、その体制が崩れたことも教職課程運営管理上打撃であったことに紛れはない。

さらに教育学部教育学科と文学部哲学科教育学専攻と教育学を専攻する専任教員が三〇名に及ぼうとしている状況で、これらの教育学系教員の教職課程への積極的取り組みが見られなかったことについては、教職課程管理に最終的責任を負う早稲田大学は看過すべきではなかったと今も改めて思う。

早稲田大学教育学部の「教育学」関係学科専修の教員は、その就任時に教職課程の科目を担当する不文律があった。その意味では、教育学系列と（教育・社会教育）教育心理系列の若手教員も例外ではない。退職者を含めて十九名も専任教員が教職課程の教育に参画した。他方、文学部哲学科教育学専攻には八名の専任教員がおり、教職課程の科目を兼担していた。都合三〇名弱の専任教員が教職課程運営に参画していたことになる。この人数は旧帝国大学型講座制の布陣に員数の点では遜色がない。この人々はそれぞれに専攻する研究分野があり、教育学部・文学部に開設された教育学専門科目を担当する人たちでもあった。

① 教職課程管理運営方針の変化

新制大学として発足した早稲田大学は学校教育法が定めた単位制度にのっとり、学部学科の専攻内容の如何を問わず、必要単位数を整えることを学生に求めた。

教養教育（一般教育）	三六単位
社会系列	一二単位
人文系列	一二単位
自然系列	一二単位
外国語（英語＋第二外国語）	四単位
体育・保健	二単位
専門科目	八二単位
合計	一二四単位（最低必要単位数）

教育職員免許法では、以上の単位を修得して「学士」号を取得することを免許状取得の基礎条件として、そのうえに「教職課程」に配当される「教職専門科目」を履修し必要とされる単位数を履修することが求められていた（因みに、私が入学した時点では、教育学部の卒業要件は総単位数一三六単位で、教職課程の要求する単位数は一六単位（法廷最小単位数一四単位）であった）。

早稲田大学では、当初、免許法が規定する「教科に関する専門科目」については各学部に開設される専門科目をもって充てることになっていて、免許科目によっては該当学部に配当されない「科目」を、当該科目が開設されている「他学部」「他学科」で履修する方法が採用されていた。その意味では、学生は学部学科の壁を超えて専門科目を選択履修することができた。

昭和二七年に、免許法が改正され、文部大臣による課程認定制度が改められ、大学全体を一括課程認定する方法から学部・学科等ごとに課程認定が行われるようになっても、早稲田大学は上記の方針を変えず、昭和二九年教員免許法改正により、教職課程の教職専門科目履修単位数と履修方法に変更があり、「教科に関する専門科目」の履修が細かく規定されてからも、早稲田大学の対応は依然同様のままであった。

従って、教育学部に置かれた「教職課程」では、教職に関する専門科目については、その配当を管理したが、教科に関する専門科目の配当と管理は、各学部に委ねていた。その結果、例えば社会科の免許状取得に関し要請される科目の具体的な科目選択が、学部によって異なることも容認されていた。また、学部の枠を超えて、学生が他学部・他学科に配当されている専門科目を履修して、中等学校英語二級免許状を法学部、商学部の学生が取得することも可能であった。

このような教職課程の管理運営に責任を持った教職課程委員会は、教育学部教職課程主任の主催する委員会であったが、その委員会委員がどのような組織であったかは上述の通りである。その委員会で協議決定されたカリキュラム配当・人事案は、その後教育学部教授会が追認する方式が採られていた。この方式は教職課程経営の再検討が始まる昭和四〇（一九六五）年まで維持されていた。

昭和四〇年に行われた教職課程懇談会で、非常勤講師の委員会参加を廃止する改正が採択され、教職課程科目を担当する専任教員のみからなる教職課程委員会が発足した。この段階では、通常の教授会とは異なり、専任講師も参加できる協議機構になっていて、相当程度開かれた協議体として教職課程委員会は位置づけられた。

実際、教育実習事前指導のための「教育実習基礎演習」を導入する提案は私（当時、専任講師）が赤堀孝教職課程主任と諮り行ったものであり、基礎演習を一単位化し、演習の試験と実習前の面接諮問を制度化する提案もそこには盛られていた。また、早稲田大学の係属校となった早稲田実業学校を特別実習校として、一度教育実習を終えたものの中から、実際に教職に就くことを表明する学生に対して、第二次実習の機会を提供するプログラムを提案した。この試みは、早稲田大学の学園紛争によって中断されたが、いわば「インターン制」「インダクション（教職導入教育）」の実験に相当した（ヨーロッパでは一九六〇年代に試みられており早稲田の試みは一、二年それに先行していた）。

教職課程委員会は、その後、全学部の教務主任を含む委員会として再定位され、昭和四四年くらいまで機能していた。

しかし、教職課程委員会が教育学部教授会と独立にカリキュラムと人事について意思決定することの妥当性が改めて議論されるようになり、他学部教務主任の出席率が低下する実態もあって、教職課程委員会を教育学部長の諮問委員会に位置づけることになってからは、教育学部の教育学科教員と各学科から推薦された教員、及び、文学部哲学科教育学専攻所属教員中教職課程科目を担当する教員からなる規模の委員会に再編成された。この再編成は平成二、三（一九九〇—九一）年のことであったと思う。以降、この方針は平成十四年まで維持された。

②　教職課程科目（教職に関するの専門科目）の管理と課題

昭和二九年教育職員免許法改正後、事実上、中等学校教員普通免許状取得要件として法律に規定された一四単位をこえて、早稲田大学の教職課程は履修生に一六単位の取得を求めた。科目配当はその観点から設計された。教育学部教育学科配当の必修科目「教育原論」、文学部哲学科教育学専攻、及び第二文学部社会専攻に配当された「教育学概論」は、教育職員免許法が規定した「教育原理」に読み替えることができる等の措置は講じられていたが、基本的には免許法施行規則が定めた科目が配置され、履修生数が延べ五〇〇〇名をこえる規模の教職課程なので、殆ど全ての科目について複数のクラスが用意された。当初は大規模学級が普通であったけれども、漸次、一〇〇名を基準とする学級編成を心がけるようになった。概ねこの方針は具体化された。特に、教科教育法のクラス編成は小規模に編成された。

問題が解決されたわけではない。教職課程に配当される専門科目の内容について科目担当者が協議する機会が制度化されておらず、専門教科の内容についての研究的協議は行われなかった。「教育実習」は所謂母校実習（昭和三〇年代から）で、実習中訪問指導ができる学校は東京都内（具体的には新宿区立中学校）に限られていた。このような状況下で、具体的な問題に対処しなければならなかった。

この状況の背景は、遠くは新制大学としての早稲田大学に教育学部を新設することに関し、高等師範学校と既存学部学科との調整が困難を極めたことがあり、そのうえで教育学部が国立総合大学の教育学部或いは文理学部をいつかその理念のうちに複写していたことがあるように思う。

新免許制度では、師範系ではない普通の大学が免許課程を新設する場合には教育学部か教育学科をおいて教職課程の管理運営に当たることを求めていた。その趣旨に賛同して教職課程をおくことを決めた大学として、早稲田大学も教育学部も教師養成に責任を持つ学部であることを本来自任し強調すべきであった。しかしそれが脆弱であったことは前述の通りで、それが種々の問題をうむ背景であったと思う。

（3）早稲田大学教職課程教育の改革

早稲田大学は開放性教員養成制度の枠内で新たに教職に就く青年の教育に取り組んだ。数多くの新しい先生たちを世に送り出した。しかし、開放性制度が採択されるときに案じられた幾つかの問題から早稲田大学教職課程の実態は免れていなかった。けれども早稲田大学教職課程の自発的な改善改革の試み、実験も行われた。早稲田大学教育学部が試みた幾つか「新しいプログラム」もあった。

① 稲門教育会との共同作業

東京都の教員採用に関連して、早稲田大学卒業の学校長、教頭と教育学部との協議体制が作られた。発端は、むしろ校長職試験、教頭職試験を受ける早稲田大学卒教員の補習・研修の機会を設けることを東京都の早稲田出身校長会から求められたことであった。学部長から相談されて、教育学科教育学専修教員（長田三男・鈴木愼一）が教育基本法と学校教育法の「講義」「講話」を教育学部長室で教頭職試験受験者を対象に行ったことが最初の試みである。三回くらいこの試みが継続したと記憶している。そこから、教員就職試験を受ける在校生を対象として先輩教員が「助言」する仕組みが組織化され、一定の制度として定着した。「教員就職指導室（教職指導室）」がそれである。経験の深い先輩教員が歴代室長を務めて、東京都に限らず他府県の教員採用試験を受ける学生の相談に乗った。採用試験に合格した学生の就職についても助言した。この試みを積極的に支援してくれた国語国文学科、英語英文学科の教授たちがあったことを付言しておこう。永らく教職に就いた卒業生が自ら組織した会合や団体をベースにして、非公式に教育学部長と交流してきたことを大学内部で公の組織に転換する一歩だったかもしれない。

② 新宿教育委員会との共同作業

私は上記の卒業生からなる教職専門団体との交渉を通じて、海外の教師教育改革動向から学んでいたことを提案してみた。インダクションと呼ばれていた新任教員を学校の現場に自然なリズムで導入する試みがそれで、教育実習を終え採用試験が済むと、ある日突然辞令がきて行ったこともない学校へ赴任するという乱暴な仕組みに、もう少し息のつける余裕を作りたいと思った。話し合いの中から、早稲田大学の在学生を新宿区立小中学校で、ヴォランティアとして迎え、教員の補佐あるいは課外活動のサポーターとして活動してもらうプランが生まれた。教職指導室で面接を受けた学生有志が学校を訪問するようになった。中学校を訪ねた早稲田大学の学生が、課外活動ばかりではなく、情報技術関連の助言者として教員を助けた例も少なくない。この活動は単位化されない形式で実施されたが、それには「開放性」への原理的な省察があった。教職課程が担保する教員免許状の水準を気遣う教育委員会と、当の教職課程を管理運営する大学との間に、免許法上の規定とは直接関わり合わない次元で、大学と行政当局が共同する教員養成プログラムが自発的に開発されることこそ、「開放性」原理が目指したところであるという洞察である。ヴォランティア活動の本来の趣旨に照らし、単位化しなかったことは正しい選択であったと思う。このプログラムの開発について教員就職指導室の貢献度が大きかったことを付記しなければならない（現在、この制度は単位化されている）。

③ 個別教員の研究、改革活動

忘れてはならない改革動向に個別大学教員の活動と研究がある。とりわけ、大学教員が行う研究と教員養成の関係について留意し注目する必要がある。ここでは文部省科学研究助成制度で資金を得て行われた研究開発の事例を、二、三紹介しておこう。

A　ある年度に「教職導入教育の開発」をテーマにして共同研究が行われた。他大学の共同研究者を含むこの研究活動では、「養成・採用・研修」と呼ばれる固定的な制度構造の下では教職に就く人々の能力を個性的に開発することは難しいという前提で、養成する大学、教師を迎える教育行政当局、学校、教員集団との間に相互に連絡調整する機会と機構を開発することを目的とする協議が行われた。この過程で、早稲田大学の学生の場合は新宿区、豊島区、品川区の中学校に「インターン」風に短日（半日程度）学生が参加し、その後大学に戻って教職ゼミに参加し討議することが行われた。同様の試みが京都、仙台、小樽で行われた。

B　またある年度には、「関東地区私立大学教職課程の総合的研究」をテーマとする総合研究において、関東地区に所在する小中高等学校を対象にして、私立大学が行っている教員養成に関し悉皆調査が行われた。この調査から実習校となる各学校がどのような問題を抱えたかが詳細に明らかにされた。この研究は私立大学が自発的に教職課程の運営と教育を改善する運動の嚆矢となった。

④　**大学を単位とする改善改革活動（一）**

一九八〇年〜一九九〇年代前半期に注目すべき活動があった。早稲田大学はいずれにおいても会長校として貢献した。この活動は、文部行政において私立大学の教員養成について大幅な制度改革を行う可能性が察知されたところから関係者によって始められた。以下に掲げられる諸活動において、参加した主体が大学で研究者個人ではない点に留意する必要がある。（a）〜（c）のいずれにおいても、早稲田大学は事務局、会長校を努めた。

（a）東京地区教育実習研究連絡講義会（東京都にある国立大学、公立大学すべてと一部の私立大学（下記bの参加する私立大学）から編成された）

（b）関東地区私立大学教職課程研究連絡協議会

（c）全国私立大学教職課程研究連絡協議会

（d）JUSTEC（Japan-U.S. Teacher Education Consortium）（一九九五―二〇〇五）

京都大学をベースに始められた米国教員養成大学連合との共同討議で、私立大学からは早稲田大学と玉川大学が参加した。二〇〇五年には早稲田大学を会場として対話集会が開催された（現在は玉川大学が国内事務局を担当している）。

（4）大学院と教員養成

早稲田大学には、比較的早くから大学院が設置された。政治学研究科、経済学研究科、法学研究科、文学研究科、商学研究科、理工学研究科がそれである。教育職員免許法上、高等学校一級免許状は大学院か専攻科で学ぶ必要があるから、小数ながら大学院・専攻科に進学して上級免許状を取得する学生があった。しかし「教員養成」を主眼とする大学院は教育学研究科の発足を待たなければならなかった。教育学研究科設立には、将来大学で教職課程を担うことになる大学教員の養成と在職教員の研修機会を提供する二つの目的が含まれていた。

修士課程では教育学専門分野と教科専門科目に相当する分野がそれぞれに演習指導を行うが、博士課程では、演習の二重履修が必修化されていて、教科専門科目相当の演習を履修するものには教育学分野の演習を選択することが推奨されている。その逆の選択も奨励される。学位課程における教職専門と教科専門の総合が試みられている。この点は、文学研究科教育学専攻と異なる特徴になっている（この原理的なプランは、大学院設置検討委員会の一員であった私が、当時の学部長の要請をうけて作成したものであった。その企画案が教育学部教授会の承認するところとなり、具体化に取り組まれたが、文部省との事前折衝でそれまで前例がない計画であるとして修正を求められた経緯があった）。

端的に述べれば、この教育学研究科の成立によって、早稲田大学には教員養成あるいは教師教育に関する基礎的コースと高度なコースが有機的に組み立てられた大学院が誕生したのである。養成・採用・研修・研究のいずれの段階においても一定程度以上の教育サーヴィスと研究機会を提供する組織的整備が整えられたと言って良い。

3　早稲田大学の教師教育

一九七〇年頃から teacher training という言葉が欧米で用いられないようになった。教師の教育と訓練を中等教育機関である normal school で行うのではなく、高等教育機関それも大学で行う必要があると強調された。教職の専門職を明示する学位として BEd, MEd, DEd が導入された。日本では学芸大学系列の目的教員養成大学化が進んでおり、その目的養成系教育大学が学習指導要領（政令であって法律ではない）に準拠して編成される実態を、開放性制度の趣旨に照らして私は肯定的に受け取ることができなかった。一九八〇年代に日本教育学会に教員養成制度研究委員会が発足した折、強く教師教育という言葉を使おうと主張したことを契機として、以後教師教育といい続けている。

以上の事柄を総じて、早稲田大学教育学部、教育学研究科、全学的機構としての教職課程は、戦後の新制大学として独自性に富んだ教師教育の歩みを続けてきたと思う。しかし、折々触れたように問題が依然残されている。多少とも原則的な課題についてメモを綴る。

(1) 人生選択の時と教職課程

早稲田大学に学ぶ青年の時間は、学部選択の如何を問わず、青年の人生選択の貴重な時間である。貴重な時間の中で、或るものは教職に就くことを希望して教職課程を選択する。或るものは将来の人生のリスクを少なくするために教員資格取得を目指して教職課程を選択する。この意味では、職業選択の一つの可能性としての教職という幅の広い学びのコースが教職課程ということになる。冒頭に紹介した文部官僚が liberal education の持つ意味について触れ、旧来の教員養成が質的に水準の高い教養とはかけ離れていたことを反省していたことを思い出しておく必要がある。「幅の広い学びのコース」は「教える」仕事と「育てる」仕事を中核にして、学識に支えられた教養を拓くようなコースでなければならない。早稲田大学の教職課程がそのようなコースになるように編成されてきたかどうか、三省の要がある。学生による自発的な学びの機会と内容とを「幅の広い学びのコース」に包摂することができるような、教職課程運営の哲学が必要ではないか。

(2) 実験と実践性を保障する教職課程

原田実が新設教育学部に実験校が付設されないことを批判した点は大事な指摘であった。早稲田大学の付属校系列校は、常に「教育学部の付属ではない」という理由で、教育実習生の受け入れを喜ばない。しかし、課程認定を文部省に申請する場合、大学は付属校を実習校として位置づけ申請書を作成する。建前と実際の違いを放置する大学のスタンスは決して好ましくない。同時に、教職課程を担当する教員の方にも、実験校を持った場合の「実験」について、予め準備が行われてきたとはいえない面がある。「臨床」という言葉も使われるが、児童生徒の学習と成長発達の課題を理論的に実証する教職課程の学的パラダイムは用意されているか。私は疑問に思う。その点で、戦後の教育学部発足の際、教育学部の目的を謳った文言のなかにある「人格陶冶」理念は欧米の理念である。教育学研究の規範的原型が依然欧米由来であることの問題性とあわせて、実験することの意味（実験者ばかりでなくその実験を観察する者すべてに実験の経緯と結果）を十分に可視化することについて予め省察することが不可欠であった。実験校を持たない教育学部、教育学研究科には大きな弱点が依然残された。

（3）管理主義の克服

昭和二九年の教育職員普通免許状基準改正に際して、「開放性」は廃棄されたとする評価があった。それは、文部大臣の命令である規則類に大学の教育課程編成が拘束されることが、大学における教育課程の編成を大学が自主的に行う原則に反することを指していた。学問の自由という原則からは、教職課程でも大学によるコース設計と内容選択の自由が基礎に据えられなければならない。上に指摘したように、開放性の下で大学は必ずしも自発的に大学としての教育課程と管理運営の体制を教師養成に関して具体化しなかった。大学の教育課程編成は本来大学の自主性に委ねるべきものである。その点で、早稲田大学の教職課程運営が、もし文部省或いは東京都教育委員会の窓口指導に唯々諾々と従うのであれば、それを早稲田大学の大学としての教育課程運営とはいえない。

かつて、地方の教育委員会から、教職希望者選考試験を受ける学生について、当該学生の教育実習成績について、教育実習校が作成した「教育実習評価表」の複写を提出するように要求されたことがあった。その折に、私は大学の成績評価の素材をそのまま外部に報せることは行わない旨を明確に述べて対応した。この事例についでは大学が行う教育実習成績評価に対する不信感が何に由来するかを分析して改善すると同時に、大学は成績評価判定の素材を外部に報せることは全ての教科の成績判定において行われないことを十分に主張説明する必要がある。前述の大学が編成した協議機構がこの意味の意見交流で有用であったことを付記しておこう。

同様のことは、教職課程の科目についても指摘できることで、行政指導の路線に沿った行政関係用語や文書の解説に終わるような科目経営を行うことは、開放性の理念に沿わないものである。大学の行政に関する外部行政当局からの干渉が強まるときにどのようにして大学の主体性を守るか、その課題から教職課程運営も無関係にはなれない。

結びに代えて

二一世紀型の教職大学院大学や小学校教員養成課程を新たに開設して、早稲田大学の教員養成、教員研修はどの方向へ動こうとするのであろうか。学習に関する広範な理論的発展や実際的な試みに十分目配りしながら、生産性の高い教職課程の学的パラダイム開発と展開に資するような教職課程運営を早稲田大学に期待しよう。早稲田大学は教育研究と教員養成の場としてあり続けることと思うし、期待したい。その点で、一つだけ他に先駆けて要望を述べるとすれば、教師教育の国際化を真剣に検討し、勇敢に踏み出してもらいたいと思う。私の体験では、早稲田大学教育学部と提携して教師教育を新しく開発したいという意思や希望を述べる海外の関係者は少なくない。教育学が国際化に向けてその学識の識域を開放する時代にあっては、教師の教育も研修も同時に教育学の研究も、共に新しい地平を開く機会を持つ状況に置かれて既に久しいのである。従来型の教育に関する共同研究とは異なる視野と視座を培うことが可能になり必要になっている。

本シリーズの主題「戦後教育学」との関係で教師教育を振り返ると、先ず明らかなことは、大学その他の機関における教育の研究条件と教師教育が密接な関連におかれていたことである。そのことは私立大学では更に厳しい場合が少なくなかった。教職課程が設置されておらぬばかりか、教職科目担当選任教員の研究室はおろか居室さえない私学もあった。開放性は公私立大学に対して教師養成上格別の差異を設けないとする法制であるから、その限りで公立私立大学が独自の教師養成を開始したことの歴史的な意味は大きい。しかし、「教育学」と「教員養成」ないし「教師教育」の関連について反省するという座標の上では、果たしてどれほどの私立大学が教師教育と教育学・教育学的研究を構造化しえたかは依然疑問が残る。他方、いずれの教育研究の場面でも、教職者の専門性について教職者側からの積極的な教育と教育過程への「学」的な参加がどの程度保障され実現していたかは再検討される必要がある。

教職にある人たちが自治的で自律的な専門職業集団として独自に教職への参加基準を提起し、専門職性の基盤となる「学識」と「技術」を体系化する努力を十分にしてこなかったことは何故なのか、問う必要がある。併せてその点について大学の教育学（制度としての大学の教育学であって大学教授個々人の教育学ではない）が十分考え、開発する努力をしてきたか否かも再度審問されるべきである。

私自身は、早稲田大学在任中に国内国際両場面で地域教師教育機構について提案し、(Suzuki 2008, 鈴木 二〇〇四、一九九四、一九八九)、教育について発想し発言する人々の言説には国家学的な学識を踏まえた言説が多いことを批判し (Suzuki 2008, 鈴木 二〇〇二、一九九九)、加えて開放制教員養成の可能性について訴え続けた (Suzuki 2004, 2010, 鈴木 一九七八、一九八三、一九八五、一九九六、一九九八a、一九九八b)。しかし個人のエクスキューズを超えて、教育学それ自体にも、教育学と教師教育の関連にも、すくなからぬ問題と課題が依然横たわっている。改めて個人の行い得るところは極めて狭く少ないと思い知らされる。教師教育研究所がシリーズ化した戦後教育再評価の試みは貴重な試みである。それだけに国際的文脈に的確に問題を設定して研究を進められるように期待し助言したい。

参考文献

教師教育に関わる研究論文は数多い。今回は私自身の発言を主として文献を選んだ。

玖村敏雄編著（昭和二四）『教育職員免許法、同施行規法解説（法律編）』学芸図書、東京
玖村敏雄編著（昭和二四）『教育職員免許法、同法施行施行規則解説（命令編）』学芸図書、東京
前田充明・上野芳太郎（昭和二九）『新教育職員免許法施行規則、教育職員免許法施行規則解説』学芸図書、東京
鈴木慎一（一九七八）「開放制教員養成の課題と展望：関東地区を中心に［文部省科学研究報告書］」成文堂、東京
鈴木慎一（一九八四）「教職導入教育の実験的研究―私立大学の事例について［文部省科学研究報告書］」成文堂、東京
鈴木慎一［右島洋介と共編著］（一九八四）『教師教育―課題と展望』勁草書房、東京
鈴木慎一［編著］（一九八五）『教師教育2』東洋館出版、東京
鈴木慎一（一九八九）「教員の資質向上連絡協議会の現状と課題」『教育課程と教師 Ⅲ』日本教育学会、一〇－二〇頁
鈴木慎一（一九八九）「教師教育制度改革の先導的研究―養成・採用・研修の構造化と地域協議機構［文部省科学研究報告書］」ぎょうせい、東京
鈴木慎一（一九九一）「新規採用教員の勤務実態及び力量形成に関する諸条件の実証的研究［文部省科学研究報告書1］」成文堂、東京
鈴木慎一（一九九二）「同右報告書2」ワセダUP、東京
鈴木慎一（一九九三）「新規採用教員の勤務実態［文部省科学研究報告書］」ワセダUP、東京
鈴木慎一（一九九四）『地域教師教育機構の現状と課題』全国私立大学教職課程研究連絡協議会、東京
鈴木慎一［松本憲と共編著］（一九九六）『私立大学の教師教育改革―全私教協十年の歩み　二巻』ワセダUP、東京
鈴木慎一（一九九六）「教師の専門的力量形成と教職課程編成に関する基礎的研究［文部省科学研究報告書］」（第一部、第二部）、成文堂、東京
鈴木慎一（一九九八ａ）『教師教育の課題と展望―再び大学における教師教育について』早稲田大学総合教育研究所教

育学叢書、学文社、東京
鈴木慎一（一九九八ｂ）『教師の専門的力量形成に関する基礎的研究』ワセダＵＰ
鈴木慎一（一九九九）「比較教育学の課題と展望―国家学を超えて：国際会議の経験から」『比較教育研究』第二五号、日本比較教育学会、東信堂、東京、二八－四三頁
鈴木慎一（二〇〇二）「国家学的教育学からの教育学と教育の解放―教育改革と教育研究」『教育学研究』第六九巻、一号、日本教育学会、東京、四〇－四二頁
鈴木慎一（二〇〇四）「全国私立大学教職課程研究連絡協議会の遺産と課題―地域教師教育の開発が持つ可能性」『教師教育研究』第一七号、全私教協、東京、一－九頁
Suzuki, Shin'ichi, 2004, Policies and New Schemes of Teacher Education and Training: some Japanese issues, in Elwyn, Thomas ed., *Education and Change in the Pacific Rim, the Yearbook of Education 2000*, Kogan Page, London, pp.91-98.
Suzuki, Shin'ichi, 2008, Toward Learning beyond Nation State: where and how?, in Pereyra, Miguel ed., *Changing Knowledge and Education*, Peter Lang, Frankfurt am Main, pp.85-103.
Suzuki, Shin'ichi, 2010, *Asian Perspectives on Teacher Education*, Routledge, London.
早稲田大学史編集所（一九九〇）『早稲田大学百年史、別巻Ⅰ』早稲田大学出版部、東京
早稲田大学教育学部（二〇〇〇）『早稲田大学教育学部五十年』早稲田大学教育学部創設五十周年紀念事業企画委員会編、東京

あとがき

本書は、早稲田大学教師教育研究所が二〇一一年度から開催してきた「戦後教育実践セミナー」において、各講師にご講演いただいた内容を再編集し、研究所員の執筆を加えて出版しました。本書に掲載した講演者は以下の通りです。

※所属・職位等は開催当時のものです。

■二〇一四年七月一二日
【テーマ】「水道方式」がめざした算数・数学教育の改革
講演者　小沢健一氏（お茶の水女子大学非常勤講師）

■二〇一四年九月二七日
【テーマ】教師教育と早稲田大学
講演者　鈴木慎一氏（早稲田大学名誉教授）

※鈴木慎一　早稲田大学名誉教授の掲載原稿は、講演内容をもとにあらためてご執筆いただいたものです。

■二〇一六年一月二三日
【テーマ】斎藤喜博の「授業を核とする学校づくり運動」について
講演者　横須賀薫氏（十文字学園女子大学学長、元 宮城教育大学学長）

■二〇一六年七月三〇日
【テーマ】　構成劇の誕生
講演者　湯山厚氏（元 小学校教師）
【テーマ】　同和教育との出会い―フリースクール楠の木学園へ―
講演者　武藤啓司氏（ＮＰＯ法人 楠の木学園理事長）
■二〇一七年九月九日
【テーマ】　社会科の初志をつらぬく会がめざしたもの―問題解決学習はこうして生まれた―
講演者　市川博氏（横浜国立大学名誉教授）

学校教育は、政治や経済など社会の諸相を映しながら、理想を掲げ、行われてきました。その中で日々、個々の教師たちは児童や生徒一人ひとりと向き合い、試行錯誤、創意工夫を重ねながら授業内容や指導方法を研究し、実践しています。「戦後教育実践セミナー」では、戦後間もない時期からそうした研究をし、実践してきた教育者たちの記録を、その実践者、また継承者を招聘して語っていただきました。本書はその貴重な証言録です。

教育は、すべての人が生涯にわたって何らかのかたちで受け、関わっていきます。しかし今、教育の場である「学校」は揺らいでいます。低年齢での受験競争の激化、部活動の肥大化や専門化、学校と保護者あるいは地域との信頼関係の揺らぎ等々。いじめやハラスメントといった校内での問題も事件化されるほど深刻な事案が増加しています。いじめの認知件数は五四万三九三三件（二〇一九年一〇月／文部科学省）と、集計開始以来、最多となりました。この数値は、各学校がいじめを早期に認知できるよう取り組んでいる結果だとの分析もありますが、本当にそうでしょうか。最近では、教師による教師への暴力事件も顕在化してきています。いじめの認知件数の背景には、もっと根深い問題が潜んでいるように感じられてなりません。

一方、学校を取り巻く社会においては貧困、格差、家族構成の複雑化、外国にルーツをもつ子どもたちの急増、親による虐待等々に関する報道が毎日のようになされる状況にあり、いずれも喫緊の課題です。虐待については、児童相談所に報告された件数が一五万九八五〇件（二〇一九年八月一日速報値）となり、前年比で二〇パーセント近く増え、過去最多となりました。

さらに昨今、各種の評価や数値化などを伴う事務作業の増加や部活動への対応などに追われ、日本の教師たちは世界一とも言える多忙な毎日を送っていることが、「ＯＥＣＤ国際教員指導環境調査」（ＴＡＲＩＳ／二〇一三年）で明らかになりました。また肝心の生徒たちの学力も、先頃発表された「ＯＥＣＤ生徒の学習到達度調査」（ＰＩＳＡ／二〇一八年）では、読解力が参加国中で一五位と低迷し、ＩＴ化時代にこそ必要な文章の読解能力の向上に危機感が生じています。

どうしたらいいのでしょうか。教育者は、子どもたちと向き合うために本気で分析し、教育のあり方を検討しなければならない時にさしかかっています。教師にとっては、三十数年にわたる教師生活の中での一年だったり三年だったりですが、子どもたちにとってその一年は「一度きり」の一年。どうしたらもっと良い授業ができるか、その子どもにはどう助言したらよいか等、教師は一人ひとり、考えを巡らせ、真摯に子どもたちと向き合う姿勢を、その志に今一度刻み、研究し、学び合うことが大切です。

＊

今、「定期試験をなくす」「固定した時間割をなくす」といった方法を学校で導入すると、一般社会ではとても斬新なチャレンジだとうつり、マスコミが報道します。しかし、これらの試みは本書および本シリーズの第一巻（『戦後の教育実践、開拓者たちの声を聴く』）に登場する実践者たちが、五〇年前後も前に実践したことです。「一人ひとりと向き合う教育」「自主性を尊重する」「生きる力を培う」「自ら考え、自ら学ぶ生徒」等々といった、教育改革の中でよく聞かれる文言も、かつての実践者たちがずっと以前から取り組み続けてきたテーマでした。

問題は、一定の成果をあげ、評価もされてきたこうした戦後教育の実践者たちによる報告が、今日において縦や横への発展的な広がりをもって継承されているとは言い難い状況にあることです。なぜでしょうか。日本の教師たちが世界一多忙な中で仕事をしているからでしょうか。ハラスメントが横行する社会の空気が学校にも漂い、同僚と研究し合いながら指導方法を考えるような環境にないからでしょうか。

早稲田大学教師教育研究所では、二〇一九年度より「戦後教育実践セミナー」を「教育実践史セミナー」として実施しています。戦後、まだアメリカの占領下にあった時代から子どもたちと向き合ってきた教師たちの実践から、七〇年余り。社会はさまざまに様相を変えてきました。その中で、より良い教育のあり方を常に模索し、子どもたちの心からの笑顔にあふれる学校を創りたいと努力する教育者や研究者たちが、ともに研究、議論し、実践していく場として、これからも活発なセミナーを開催していきたいと考えています。

本書は、早稲田大学総合研究機構よりご支援、ご協力をいただき、出版する運びとなりました。ここに深謝し、厚くお礼申し上げます。また、昨年出版いたしました本シリーズの第一巻に続き、出版をご担当くださいました学文社、編集の労を執ってくださいました落合絵理さんに心より感謝申し上げます。ありがとうございました。

二〇二〇年令月

「戦後教育実践セミナー」編集委員会　小林　柚実子

早稲田大学教師教育研究所（プロジェクト研究所）

■「実践力のある教師」をどう育てるか　―「教育の今」を問い続けて―

早稲田大学教師教育研究所（所長：藤井千春　教育・総合科学学術院教授）は、早稲田大学総合研究機構プロジェクト研究所の一つとして、2002年に活動を開始しました。以来、教員の実践的能力の開発を主眼に、現代のさまざまな教育課題と向き合い、教員の養成や研修、教材開発や教育実践に関する研究、また教育政策や学校改革、虐待、いじめといったテーマに取り組み、フォーラムやセミナー、研究会の開催、研究紀要の刊行等の活動を行っています。

これまでに国内外の多くの教育者、研究者、報道や出版の関係者をはじめ、教育に携わる幅広い分野から講師を招聘し、議論を重ねてきました。現在、活動は「教師教育研究フォーラム」「教育実践史セミナー」（昨年度まで「戦後教育実践セミナー」として実施）「問題解決学習セミナー」「構成員研究会」を柱として行っており、その成果は研究紀要『教師教育研究』や書籍等にて内外に発信しています。

研究所で取り上げるテーマは多岐にわたります。授業内容や方法、カリキュラム、教材開発、学級経営、生徒指導、部活動、あるいは虐待、いじめ、学校の安心・安全に関する対策といった内容、また海外の教育事情や異文化コミュニケーションに関するテーマも取り上げてきました。こうしたテーマを、さまざまな分野の有識者を講師に招きながら、研究所の構成員をはじめ、フォーラム等へご参加くださった皆様と議論し、交流しながら理解を深めています。

教育はすべての人が受け、そして生涯にわたって何らかのかたちで関わっていくものであり、したがって、その様相や課題は極めて多様に、複雑に広がっています。教師教育研究所は、そうした「教育」の「今」を見つめ、課題と向き合い、解決し、より良く進むことができるよう、参加者がそれぞれの専門知識や実践記録をつき合わせ、議論し、研究し、発信していくプロジェクト研究所です。

■ 教師教育研究所の活動への参加について

教師教育研究所では、招聘研究員として活動に参加する方を随時募集しています。研究所は早稲田大学専任教員を研究所員とし、他大学の教員、一般の教員（全校種）や元教員をはじめ、さまざまな分野の専門家の方々など、70名を超える招聘研究員によって構成されています。招聘研究員は、研究発表や実践報告、あるいは研究紀要への執筆（レフリー制を採用）を行います。詳しくは、下記ホームページをご覧ください。フォーラム等へのご参加のみを希望される方は、ホームページにて日程等をご確認のうえ、その都度、お申し込みください。

【早稲田大学教師教育研究所 HP】　http://www.waseda.jp/prj-kyoshikyoiku/

執筆者プロフィール

○藤井千春
早稲田大学教育・総合科学学術院教授　博士（教育学）／早稲田大学総合研究機構教師教育研究所 所長
専門は教育哲学・教育思想。主な著書『ジョン・デューイの経験主義哲学における思考論』（早稲田大学出版部）など多数。

○菊地栄治
早稲田大学教育・総合科学学術院教授／早稲田大学総合研究機構教師教育研究所 研究所員
専門は社会教育学・教育経営学。主な著書『希望をつむぐ高校』（岩波書店）など多数。

○鈴木慎一
早稲田大学名誉教授／早稲田大学総合研究機構教師教育研究所 顧問
専門は比較教育学・教育史・教師教育。主な著書『教師教育の課題と展望―再び、大学における教師教育について』（編・共著／学文社）など多数。

「戦後教育実践セミナー」編集委員会

研究所員　藤井千春、菊地栄治、鈴木慎一
招聘研究員　安達　昇、小林柚実子、遠藤紳一郎、塩崎　正、神永典郎、井原淑雅
小室桃子、小野由美子、真鍋健太郎、須藤　勝、鈴木亮太、萩原章太

第2巻担当　塩崎　正　（小沢健一氏担当）
安達　昇　（湯山厚氏、武藤啓司氏担当）
遠藤紳一郎　（横須賀薫氏担当）
神永典郎　（市川博氏担当）

戦後教育実践セミナーⅡ
戦後の教育実践、「今」へ伝えるメッセージ

2020年３月10日　第１版第１刷発行

監修　早稲田大学教師教育研究所
編者　「戦後教育実践セミナー」編集委員会

発行者　田中　千津子
発行所　㈱学文社
〒153-0064　東京都目黒区下目黒３-６-１
電話　03（3715）1501 ㈹
FAX 03（3715）2012
https://www.gakubunsha.com

印刷　新灯印刷（株）

ISBN978-4-7620-2909-7